MIX
Papier aus verantwortungsvollen Quellen
Paper from responsible sources
FSC® C105338

Neele Meyer

# Der unzuverlässige Wissenschaftler

## Erzählerfiguren im Neuen Historischen Roman

Bachelor + Master
Publishing

Meyer, Neele: Der unzuverlässige Wissenschaftler: Erzählerfiguren im Neuen Historischen Roman, Hamburg, Bachelor + Master Publishing 2013

Originaltitel der Abschlussarbeit: Die Erzählerfigur im Neuen Historischen Roman: Am Beispiel von Tomás Eloy Martínez' 'Santa Evita' und Celia de Palacios 'No me alcanzará la vida'

Buch-ISBN: 978-3-95549-365-3
PDF-eBook-ISBN: 978-3-95549-865-8
Druck/Herstellung: Bachelor + Master Publishing, Hamburg, 2013
Covermotiv: © Kobes · Fotolia.com
Zugl. Rheinische Friedrich-Wilhelms-Universität, Bonn, Deutschland, Bachelorarbeit, Juni 2010

**Bibliografische Information der Deutschen Nationalbibliothek:**
Die Deutsche Nationalbibliothek verzeichnet diese Publikation in der Deutschen Nationalbibliografie; detaillierte bibliografische Daten sind im Internet über http://dnb.d-nb.de abrufbar.

Das Werk einschließlich aller seiner Teile ist urheberrechtlich geschützt. Jede Verwertung außerhalb der Grenzen des Urheberrechtsgesetzes ist ohne Zustimmung des Verlages unzulässig und strafbar. Dies gilt insbesondere für Vervielfältigungen, Übersetzungen, Mikroverfilmungen und die Einspeicherung und Bearbeitung in elektronischen Systemen.

Die Wiedergabe von Gebrauchsnamen, Handelsnamen, Warenbezeichnungen usw. in diesem Werk berechtigt auch ohne besondere Kennzeichnung nicht zu der Annahme, dass solche Namen im Sinne der Warenzeichen- und Markenschutz-Gesetzgebung als frei zu betrachten wären und daher von jedermann benutzt werden dürften.

Die Informationen in diesem Werk wurden mit Sorgfalt erarbeitet. Dennoch können Fehler nicht vollständig ausgeschlossen werden und die Diplomica Verlag GmbH, die Autoren oder Übersetzer übernehmen keine juristische Verantwortung oder irgendeine Haftung für evtl. verbliebene fehlerhafte Angaben und deren Folgen.

Alle Rechte vorbehalten

© Bachelor + Master Publishing, Imprint der Diplomica Verlag GmbH
Hermannstal 119k, 22119 Hamburg
http://www.diplomica-verlag.de, Hamburg 2013
Printed in Germany

# Inhaltsverzeichnis

| | | |
|---|---|---|
| 1 | Einleitung | 1 |
| 2 | **Die Postmoderne und der Neue Historische Roman** | 2 |
| 2.1 | Die Geschichte des historischen Romans | 2 |
| 2.2 | Das postmoderne Verständnis von Geschichte | 3 |
| 2.2.1 | Verhältnis von Historiographie und Literatur | 4 |
| 2.2.2 | Einschränkungen durch die Sprache | 4 |
| 2.2.3 | Die Aufwertung der Rolle des Historikers | 5 |
| 2.3 | Die Postmoderne und der Neue Historische Roman in Lateinamerika | 5 |
| 2.3.1 | Kategorisierungsversuche des Neuen Historischen Romans | 7 |
| 2.3.2 | Das Spiel mit der Realität im Neuen Historischen Roman | 9 |
| 3 | **Die Erzählerfigur der Postmoderne** | 10 |
| 3.1 | Entwicklung der Erzählerfigur in der Postmoderne | 11 |
| 3.2 | Distanz zum historischen Geschehen | 13 |
| 4 | **Santa Evita** | 14 |
| 4.1 | Autor und Inhalt des Werkes | 14 |
| 4.2 | Handelt es sich bei Santa Evita um einen historischen Roman? | 15 |
| 4.3 | Aufbau und Erzählerfigur | 16 |
| 4.4 | Analyse der Erzählerfigur | 17 |
| 4.4.1 | Parallelen zwischen Autor und Erzähler | 17 |
| 4.4.2 | Zeitzeugen | 17 |
| 4.4.3 | Schriftliche Quellen | 19 |
| 4.4.4 | Wissenschaftliche Arbeitsweise | 21 |
| 4.4.5 | Identifikation des Erzählers mit der Geschichte | 23 |
| 4.4.6 | Metafiktion und Offenlegung des Konstruktcharakters des Romans | 25 |
| 4.5 | Ergebnis | 29 |
| 5 | **No me alcanzará la vida** | 30 |
| 5.1 | Über Autor und Inhalt des Werkes | 30 |
| 5.2 | Handelt es sich bei No me alcanzará la vida um einen historischen Roman? | 31 |
| 5.3 | Aufbau und Erzählerfigur | 32 |
| 5.4 | Analyse der Erzählerfigur | 33 |
| 5.4.1 | Wissenschaftliches Arbeiten | 33 |
| 5.4.2 | Quellen | 34 |
| 5.4.3 | Einblicke in das Privatleben der Erzählerfigur | 35 |
| 5.4.4 | Darstellung und Interpretation der Figuren durch die Erzählerfigur | 36 |
| 5.4.4.1 | Miguel de Cruz-Aedo | 37 |
| 5.4.4.2 | Darstellung der Figur Sofias | 38 |
| 5.4.5 | Eine Selbstprojektion in die Geschichte? | 40 |
| 5.4.6 | Metafiktive Elemente: Reflexion über die Geschichte | 42 |
| 5.5 | Ergebnis | 43 |
| 6 | **Fazit** | 44 |
| 7 | **Bibliographie** | 46 |
| 8 | **Anhang** | 48 |

# 1   Einleitung

Jede Geschichte hat zwei Seiten. Mindestens. Je nachdem, aus welchem Grund jemand etwas erzählt, lässt er einige Details weg, fügt andere hinzu und interpretiert das Geschehen nach eigenen Interessen anders. Diese einfache Formel, die im Alltag für jede Art von Kommunikation selbstverständlich erscheint, galt für die Historiographie lange nicht: In der Geschichtsschreibung und auch in Historischen Romanen galt bis zum Einzug der Postmoderne die Prämisse, dass die Geschichte eine kohärente, sinnstiftende Kette von Ereignissen sei, die sich durch das Studium von Quellen erschließen ließe. Somit spielte der Historiker oder Autor allenfalls eine zweitrangige Rolle: Seine Aufgabe war es, Fakten zu historischen Ereignissen zu sammeln und zu ordnen, um später eine vollständige, objektive und wahre Rekonstruktion dieser Ereignisse niederzuschreiben.

Durch die Einsicht, dass Geschichte sich nicht ‚von selbst schreibt', gewinnt mit dem Einzug des postmodernen Verständnisses von Geschichte der Autor – und somit auch die Erzählerfigur historischer Romane – an Bedeutung: Diese neue Sichtweise stößt gerade in Lateinamerika auf großes Interesse. Dort entwickelt sich in den 70er Jahren ein regelrechter Boom des Neuen Historischen Romans, der bis heute eine der wichtigsten Strömungen der lateinamerikanischen Literatur darstellt. Diese Romane versuchen aufzuzeigen, dass die offizielle Geschichtsschreibung keineswegs eine natürliche Ordnung der historischen Ereignisse, sondern ein vom Menschen mit einer bestimmten Intention geschaffenes Konstrukt ist. Der Historiker nimmt eine essentielle Rolle innerhalb dieses Prozesses ein, da er die geschichtlichen Ereignisse ordnet, auswertet und somit auch (mit)entscheidet, was passiert ist – eine Rolle, die in einem historischen Roman dem Autor des Werkes zufällt. Nach dem Wegfall des Wahrheitsanspruchs bei der Rekonstruktion historischer Ereignisse ergibt sich eine Fülle neuer Möglichkeiten, eine eigene Version der Geschichte zu schreiben und metafiktionale Überlegungen über die Historiographie miteinzubeziehen. In diesem Zusammenhang erhält gerade die Erzählerfigur, als der Ort, an dem diese Reflexion stattfindet und an dem die historische Handlung als Konstrukt entlarvt werden kann, eine Aufwertung und tritt in vielen Neuen Historische Romanen in den Vordergrund.

Im Rahmen dieser Arbeit sollen beispielhaft zwei Romane mit Fokus auf die Gestaltung ihrer Erzählerfigur untersucht werden: Der Roman *Santa Evita* des argentinischen Autors Tomás Eloy Martínez aus dem Jahr 1995 und der Roman *No me alcanazará la vida*, der 2008 von der Mexikanerin Celia del Palacio veröffentlicht wurde. In beiden Fällen handelt es sich um Neue Historische Romane, die eine ähnliche Struktur vorweisen: Es gibt jeweils eine Rahmenhandlung, in der eine Erzählerfigur ein Ereignis aus der argentinischen bzw. mexikanischen Geschichte beleuchtet und in einer Art

Binnenhandlung rekonstruiert. Da die Erzählerfigur somit zum Autor dieser Binnenhandlung wird, lässt sich anhand dieser Figur analysieren, inwieweit Erfahrungen und Stimmungen eines Historikers/Autors Einfluss auf die (Re)Konstruktion der Vergangenheit nehmen. Der Nachweis dieser Einflüsse auf historische Romane zeigt daher auch, dass Geschichte immer subjektiv dargestellt wird.

Um die beiden zu untersuchenden Romane besser einordnen zu können, wird im zweiten Kapitel zunächst skizziert, wie sich historische Romane und das Verständnis der Historiographie seit dem 19. Jahrhundert gewandelt haben. Des Weiteren werden in diesem Kapitel Gründe für den Boom Neuer Historischen Romane in Lateinamerika aufgezeigt und verschiedene Definitions- und Kategorisierungsversuche vorgestellt.

Im dritten Kapitel werden dem Analyseteil einige grundsätzliche Überlegungen über die Aufgabe des Erzählers im Roman und den Wandel seiner Rolle im Laufe der Zeit voranstellt. Im vierten und fünften Teil der Arbeit sollen dann die Erzählerfiguren von *Santa Evita* und *No me alcanzará la vida* auf ihr Verhältnis zur historischen Ebene und ihre Forschungstätigkeit hin untersucht werden, um abschließend einschätzen zu können, welchen Einfluss sie auf die von ihnen rekonstruierte historische Ebene ausüben.

## 2 Die Postmoderne und der Neue Historische Roman

### 2.1 Die Geschichte des historischen Romans

Zur besseren Einordnung des Neuen Historischen Romans ist es hilfreich, zunächst die Geschichte des historischen Romans selbst nachzuzeichnen, da „cada época ha forjado su concepto de novela histórica y ha abordado el género de diferentes maneras" (Corral Peña 1997: 14).

Die strikte Trennung von Geschichte und Literatur ist ein Resultat des positivistischen Geschichtsverständnisses und existiert in dieser Form erst seit dem 19. Jahrhundert, als man versuchte, die Historiographie als eine exakte Wissenschaft zu etablieren. Es entstand eine „obsesión por mostrar las cosas ,tal y como sucedieron'" (Viu Bottini 2007: 35): Es wurde davon ausgegangen, dass es auch in der Geschichtswissenschaft eine Wahrheit gibt, die man objektiv und wissenschaftlich darstellen kann. Dieser Maßstab galt auch für historische Romane, da davon ausgegangen wurde, dass es „una verdad anterior al texto, independiente del observador" gebe (ebd: 37). Ein Historiker konnte durch das genaue Studium von Dokumenten zur dieser Wahrheit gelangen: „[La] investigación a través de documentos [es] la única garantía de la verdad" (ebd.: 34).

Dieses positivistische Verständnis von historischer Wahrheit steht in Kontrast zu der schon seit dem 4. Jahrhundert vor Christus geltenden Maxime des griechischen

Geschichtsschreibers Thukydides, nur das als wahr anzusehen, was man selbst gesehen und miterlebt habe (s. ebd.: 34). Im 19. Jahrhundert entstand dadurch eine „funktionelle Differenzierung zwischen Historiographie und Literatur" (Nünning 2008: 288), bis dato „considered as branches of the same tree" (Hutcheon 1988: 105). Der historische Roman wird zunehmend in den Dienst einer Nationalgeschichtsschreibung gestellt und leistet einen wichtigen Beitrag zur Entstehung nationaler Identitäten und Mythen (s. Elmore 1997: 13). So entsteht die ‚offizielle Geschichtsschreibung', „la historia de reyes y gobernantes, la suma de batallas y fundaciones" (Grinberg Pla: 2001: 5), die von den Geschichtsschreibern als „hechos narrados que ‚se cuentan por sí mismos'" (Viu Bottini 2007: 52) beschrieben und im Sinne des Nationalstaats als eine natürliche Entwicklung dargestellt wird.

## 2.2 Das postmoderne Verständnis von Geschichte

Das positivistisch-fortschrittliche Verständnis der Wissenschaft wird mit Beginn der Moderne, die einen „Bruch mit dem aufklärerischen Projekt einer umfassenden Erfassung und Erklärung der Welt" darstellt, in Frage gestellt (Mayer 2008: 590). Dieser Bruch mündet in eine „Erkenntnisskepsis und Repräsentationskrise" (ebd.: 590): Der Wegfall totalitärer Erklärungsmuster führt zu einem Orientierungsverlust, der sich in der Postmoderne noch potenziert. Die Postmoderne zeichnet sich im Allgemeinen durch ein Denken im Plural aus und lehnt absolute Wahrheitsansprüche ab (s. Strosetzki 2003: 56). Dies hat vor allem in der Historiographie große Auswirkungen und führt zu der Einsicht, dass es die eine, objektive Geschichtsschreibung nicht gibt (s. Aínsa 2003: 49) und die Rekonstruktion der Vergangenheit immer im Dienst einer Ideologie, Politik oder Kultur steht (s. Hutcheon 1988: 120). Während diese Einsicht oft als ‚Ende der Geschichte' interpretiert wurde, stellt sich Linda Hutcheon in *A poetics of Postmodernism* dagegen. Sie unterstreicht, dass Geschichte im postmodernen Denken „is not made obsolete: it is, however, being rethought – as a human construct" (Hutcheon 1988: 16).

Nach postmodernem Verständnis besitzt jedes historische Ereignis zunächst den gleichen Wert (s. Viu Bottini 2007: 45-46) und erhält seine Bedeutung erst durch die retrospektive Beleuchtung der Historiographie, deren Aufgabe es ist, „revestirla de significado, hacer que los acontecimientos del pasado revelen su sentido para el hombre contemporáneo" (Viu Bottini 2007: 41). Die offizielle Geschichtsschreibung ist demnach das Resultat eines Selektions- und Interpretationsprozesses, der immer von der Gegenwart, in der er stattfindet, geprägt ist. Dies bedeutet auf der einen Seite, dass die Gegenwart zur entscheidenden Komponente der Interpretation wird und ein Ereignis auf der anderen Seite nur dann als sinnstiftend und bedeutungsvoll angesehen wird, wenn es einen überzeitlichen Bezug gibt (s. Viu Bottini 2007: 41).

Ein Problem ergibt sich aber dadurch, dass „siendo el presente necesariamente inconcluso, cambiante y travesado por incertidumbres, el conocimiento histórico sólo puede ser intuitivo y subjetivo", sodass „la práctica historiográfica debería estar abierta a variaciones y modificaciones" (Perkowska-Álvarez2008: 41). Das bedeutet, dass eine überzeitliche Interpretation der Geschichte nicht möglich ist und sich die Historiographie selbst als ein Diskurs herausstellt. Da die Geschichte immer im Sinne der Gegenwart mit einer bestimmten Intention interpretiert wird, kann sie demnach auch nicht nach den Kriterien richtig oder falsch bewertet werden (s. Grinberg Pla: 4).

### 2.2.1 Verhältnis von Historiographie und Literatur

Durch dieses neue Verständnis von Geschichte wird auch das Verhältnis von Historiographie und Literatur neu bewertet:

> What the postmodern writing of both history and literature has taught us is that both history and fiction are discourses, that both constitute systems of signification by which we make sense of the past (Hutcheon 1988: 89).

Die Historiographie verliert somit ihren festen, identitätsstiftenden Charakter, während die Literatur eine Aufwertung erhält: Mit der Erkenntnis, dass die eine, objektive Geschichte, die es zu erzählen gilt, nicht existiert, ist auch die Einsicht verbunden, dass die Historiographie sich ebenfalls fiktiver Elemente bedient und somit eine literarische Dimension beinhaltet (s. Nünning 2008: 288). Im Umkehrschluss bedeutet dies für literarische Werke, dass auch diese plötzlich für die Historiographie als neue Quellen interessant werden (s. ebd.: 289).

### 2.2.2 Einschränkungen durch die Sprache

Sowohl der literarische als auch der historiographische Diskurs versuchen, über das Medium Text die Realität zu rekonstruieren und zu organisieren (s. Aínsa 2003: 24). Beide Diskurse stoßen aber durch die „sprachliche Bedingtheit, Zeichenvermitteltheit und Konstrukthaftigkeit jeglicher Form von Wirklichkeitserfahrung und Erkenntnis" an ihre Grenzen (Nünning 2008: 288). Die Abbildung der Realität in einem Text wird somit nicht nur durch die vom Autor verfolgte Intention, sondern auch durch die Eigenheiten des Systems Sprache an sich eingeschränkt: Neben der Geschichte ist auch die Sprache selbst ein Konstrukt (s. Kolmer/Rob-Santer 2006: 46), ein Zeichensystem, das auf kulturellen Konventionen beruht und ebenso wie die Geschichte dem Wandel unterworfen ist:

> Si el significado es el resultado de un acuerdo social, una conclusión evidente será que dicho significado está en permanente cambio y que se trata de una construcción. (Viu Bottini 2007: 198)

Historiographie wie Literatur besitzen somit einen doppelten Konstruktcharakter, was die Frage, ob die Vergangenheit mittels eines Texts realistisch und objektiv rekonstruiert werden kann, obsolet erscheinen lässt. Das pluralistische Weltbild der

Postmoderne spiegelt sich somit auch im Verständnis von Sprache wieder: Allein durch den Wandel der Sprache wird deutlich, dass die Geschichte nur ein Diskurs und keine dauerhaft gültige Rekonstruktion der Vergangenheit sein kann. Angesichts der Tatsache, dass keine extratextuelle Vergangenheit existiert, also die Vergangenheit in der Gegenwart immer nur über Texte zugänglich ist (s. Hutcheon 1988: 93), ist diese Erkenntnis von besonderer Bedeutung: Quellen werden im Laufe der Zeit anders gelesen und interpretiert. Die Einsicht „que el conocimiento histórico se produce en y por el lenguaje" ist ein große Fortschrift „en definir a la historia como discurso y no como suceder" (Grinberg Pla 3). Eine objektive Darstellung wird somit allein schon durch die Beschaffenheit der Sprache eingeschränkt. Darüber hinaus wird aber auch der Historiker bzw. Autor zu einer subjektivierenden Komponente.

### 2.2.3 Die Aufwertung der Rolle des Historikers

Mit dem postmodernen Verständnis von Geschichte ändern sich auch Rolle und Bedeutung des Historikers in der Historiographie:

> [El] historiador no es nunca un objeto pasivo a través del cual se podría transmitir la verdad de los hechos, sino más bien un sujeto que interviene las fuentes seleccionando lo que le parece más interesante. (Viu Bottini 2007: 38)

Ihm kommt die Rolle zu, geschichtliche Daten auszuwählen und in einen Sinnzusammenhang zu bringen, womit er eine zentrale Stellung in der Geschichtsschreibung einnimmt:: Abhängig davon, „[how] historians suppress, repeat, subordinate, highlight and order those facts, once again, the result is to endow the events of the past with a certain meaning" (Colomina 2003: 256-260). Darüber hinaus ist dieser Sinnstifter kein ‚unbeschriebenes Blatt', also keine neutrale Person, sondern selbst vielfältig von seiner Lebenswelt geprägt (s. Viu Bottini 2007: 39) und wird durch diesen Erfahrungsschatz bei der Auswahl und Bewertung historischer Ereignisse beeinflusst. Trotz guter Quellenkenntnisse ist es für den Historiker am Ende doch unmöglich, sich in die Gedanken einer historischen Person hineinzuversetzen („¿Cómo me voy a meter yo en la cabeza de un conquistador del siglo XVI o XVII?" Jorge Guzmán, zit. nach Viu Bottini 2007: 23). Dadurch ist er gezwungen, seine eigene Vorstellungskraft zu nutzen um Verknüpfungen zwischen einzelnen Ereignissen herzustellen und Entscheidungen historischer Personen zu begründen. Die Person des Historikers beeinflusst somit den Konstruktionsprozess der Geschichte – ob nun gezielt oder unbewusst.

### 2.3   Die Postmoderne und der Neue Historische Roman in Lateinamerika

Bei der Postmoderne handelt es sich um eine Strömung, die eigentlich in den USA und Europa entstand, aber auch in Lateinamerika großen Anklang fand und dort in vielfältiger Weise diskutiert und adaptiert wurde. Auch wenn einige Kritiker die

Rückkehr einer europäischen Kulturhegemonie befürchteten, entsprach das postmoderne Verständnis von Geschichte dem lateinamerikanischen Wunsch, die eigene Geschichte zu schreiben bzw. die bestehende zu revidieren. Es wurde die Chance erkannt, dass

> re-leído y re-rescrito de acuerdo con las condiciones sociales e históricas del subcontinente, lo posmoderno puede devenir una teoría propia, un nuevo sistema de representación de la relaciones sociales y culturales latinoamericanas a fines del siglo XX y a principos del XXI. Por eso, el debate posmoderno en América Latina adquiere tanta importancia en toda reflexión acerca del posmodernismo en relación con la literatura latinoamericana. (Perkowska-Álvarez2008: 82)

Somit ist es nicht verwunderlich, dass diese Theorie bei vielen lateinamerikanischen Autoren Anklang fand und in einer Vielzahl Neuer Historischer Romane rezipiert und angewendet wurde. Darüber hinaus gab es noch weitere Gründe, die den Boom dieser Romane vorantrieben: Das neue Interesse an der eigenen Geschichte in den 80er Jahren in Lateinamerika erschließt sich aus der politischen Situation und dem zeitlichen Kontext. Zum einen nähert sich Ende des 20. Jahrhunderts der 500. Jahrestag der ‚Entdeckung' Amerikas. Da es sich bei diesem Jubiläum keineswegs um einen offensichtlichen Anlass zum Feiern handelt, wird dieser Unmut in einer Vielzahl von Neuen Historischen Romanen zum Ausdruck gebracht, die die Figur Kolumbus und die *Conquista* kritisch beleuchten und eine revidierte Version der Anfänge lateinamerikanischer Kolonialgeschichte schreiben (s. Menton 1993: 48, Strosetzki 2003: 159). Die kritische Überprüfung der Gründungsmythen offenbart „una mayor consciencia de los lazos históricos compartidos por los países latinoamericanos como un cuestionamiento de la historia oficial" (Menton 1933: 49) und entspricht dem Wunsch, eine spezifisch lateinamerikanische Geschichte „desde el punto de vista de los perdedores y de los marginados" zu schreiben (Grützmacher 2006: 149).

Darüber hinaus sind die 80er Jahre in Lateinamerika insgesamt eine Zeit, in der die nationalen Gründungsmythen ihre Überzeugungskraft verloren haben und viele Menschen pessimistisch in die Zukunft blicken: Verantwortlich dafür ist eine Krise der Demokratie, die sich durch den gesamten Kontinent zieht, von Mexiko, wo „el masacre de Tlatelolco (1968) extiende [...] la nube negra de la represión estatal" (Perkowswka 2008: 25) bis zu den Ländern des *Cono Sur*, wo nach dem Ende der Militärdiktaturen im Laufe der 80er Jahre Desillusion und Autoritätskrisen herrschen, die nicht nur die aktuelle politische Lage, sondern auch die literarische Produktion beeinflussen:

> [El] crimen institucionalizado y la imposición de la historia oficial que protege y legitima al Estado criminal definen en gran medida la producción literaria de la época. (ebd.: 26)

Zukunftsängste werden durch die wirtschaftlichen Probleme der 80er Jahre noch zusätzlich geschürt, denn „[la] explosión de la crisis económica produce incertidumbre e angustía social" (Perkowska-Álvarez2008: 31). Es herrscht somit insgesamt eine Stimmung der Unsicherheit. Durch den Vertrauensverlust in Staat und Regierung wird auch die Rechtmäßigkeit und die Überzeugungskraft der Nationalgeschichte in Frage gestellt. Die postmoderne Historiographie bietet in dieser Situation eine passende Grundlage für ein neues Verständnis der Geschichte. Dies führt dazu, dass sich Autoren in dieser Zeit wieder vermehrt mit historischen Stoffen beschäftigen und die Mythen der Nationalgeschichte hinterfragen. Es ist nicht verwunderlich, dass viele Neue Historische Romane im 19. Jahrhundert, genau im Zeitalter der Nationalstaatsbildung, angesiedelt sind (s. Elmore 1997: 12). Auch wenn sich diese Romane mit der Vergangenheit beschäftigen, dienen sie eigentlich einer Orientierungs- und Identitätssuche in der Gegenwart. Sie zielen allerdings nicht darauf ab, Nationalgeschichte revisionistisch darzustellen, sondern als ein Konstrukt zu entlarven und die Mechanismen, mit denen sie produziert wird, offenzulegen. Für Neue Historische Romane bedeutet dies, dass diese

> no deben interpetarse como un intento de rectificar una versión sobre el pasado a fin de legitimarlo como la opción verdadera, sino de cuestionar las imágenes existentes para hacer visibles los valores y prejucios de revisten el conocimiento que tenemos sobre el pasado y que condicionan nuestras opciones en el presente. (Viu Bottini 2007: 54)

Statt eine neue, kohärente Geschichte zu schreiben, werden Bruchstellen aufgezeigt und im besten Fall durch eine „historia parcial y desmitifiadora" ersetzt (Viu Bottini 2007: 24). Der Aufgabe, neue Orientierungspunkte für eine Identitätssuche zu bieten, können Neue Historische Romane daher nicht gerecht werden; stattdessen verfolgen ihre Autoren das Ziel, „[de] desmontar toda imagen como algo inestable y provisorio" (Viu Bottini 2007: 24). Die Unsicherheit in dem historischen Roman ist daher auch eine Allegorie für den Zustand der Gesellschaft,

> [...] porque la búsqueda temática y formal de la nueva historia manifiesta una visión heterogéna y conflictiva del presente histórico cuyas transformaciones e incertidumbres afectan no sólo a los historiadores, sino también a sociedadas enteras. (Perkowska-Álvarez 2008:41)

Insgesamt bedeutet der Boom der Neuen Historischen Romane somit nicht nur ein vermehrtes Interesse an der Vergangenheit, sondern vorrangig eine Identitätssuche in der Gegenwart in Lateinamerika.

2.3.1 Kategorisierungsversuche des Neuen Historischen Romans

Interessant ist es nun, der Frage nachzugehen, ob und inwiefern es sich beim Neuen Historischen Roman um eine eigene Literaturgattung handelt, die einen Bruch mit dem traditionellen historischen Roman[1] markiert, oder ob diese Romane lediglich eine Aktualisierung der Gattung darstellen. Dieses Thema steht im Mittelpunkt diverser wissenschaftlicher Arbeiten.

---

[1] Der Begriff traditioneller historischer Roman bezieht sich hier auf Georg Lukács Untersuchungen zu den historischen Romans Walter Scotts (vgl: Lukács 1955 oder zusammenfassend Aust 1994: 65f).

Der Begriff Nueva Novela Histórica stammt von dem amerikanischen Literaturwissenschaftler Seymor Menton, der 1993 in dem Werk *La nueva novela histórica de la América Latina* anhand einer Studie einer Vielzahl von Werken sechs Charakteristika entwickelte, die seiner Meinung nach besondere Kennzeichen des Neuen Historischen Romans sind. Unabdingbares Kriterium für die Zugehörigkeit zum historischen Roman ist für ihn eine zeitliche Differenz von 40-60 Jahren, die zwischen Autor und historischem Ereignis liegen müssen:

> [Hay] que reservar la categoría de la novela histórica para aquellas novelas cuya acción se ubica total o por lo menos predominantemente en el pasado, es decir, un pasado no experimentado directamente por el autor. (Menton 1993: 32)

Daneben schließt Menton auch Romane mit zu starkem Gegenwartsbezug aus:

> Más difícil es justificar la exclusión de la categoría de novela histórica de aquellas novelas cuyos narradores o personajes están anclados en el presente o en el pasado reciente pero cuyo tema principal es la re-creación de la vida y los tiempos de un personaje histórico lejano. (Menton 1993: 34)

Die sechs Charakteristika Neuer Historischer Romane müssen sich allerdings nicht in allen Romanen wiederfinden. Wichtig sind für Menton das Vorkommen geschichtsphilosophischer Ideen, die sich auf verschiedene Zeitebenen beziehen lassen, die Verzerrung des historischen Ereignisses, die Fiktionalisierung historischer Figuren sowie metafiktionale Elemente (wie Kommentare des Erzählers über den Entstehungsprozess der Geschichte), intertextuelle Bezüge und Dialogizität (s. Menton 1993: 42-44).

Menton ist zwar ein vielzitierter Experte auf dem Gebiet des Neuen Historischen Romans, seine Kategorisierung stößt aber häufig auf Kritik. Besonders die Exklusion von Werken mit zu hohem Gegenwartsbezug wirkt für ein Genre, das gerade im Spannungsverhältnis zwischen Vergangenheit und Gegenwart steht, recht starr und mutwillig. Auch andere Charakteristika sind nicht zwingend konstitutiv für die Definition der Neuen Historischen Romane: Lukasz Grützmacher weist beispielsweise darauf hin, dass weder intertextuelle Bezüge, noch Dialogizität, oder die Präsentation philosophischer Ideen eine besondere Neuerung für das Genre des historischen Romans darstellen (s. Grützmacher 2006: 144).

Grützmacher selbst sieht „una actitud crítica a la historiografía oficial" (ebd.: 148) als wichtiges Charakteristikum des Neuen Historischen Romans. Im Unterschied zu Menton sieht er insgesamt keinen so starken Bruch mit dem traditionellen historischen Roman. Er stellt sich auf die Seite Fernando Aísnas (s. ebd.: 148), der seine Definition des Neuen Historischen Romans vor allem auf inhaltliche Aspekte stützt. Diese wären „una relectura del discurso historiográfico oficial" (Asína 1991: 21), die Dekonstruktion nationaler Mythen, die Verwendung (authentischer und fiktiver) Quellen, die Vermischung verschiedener Zeitebenen und ein spezieller Sprachgebrauch zur Nachahmung oder Parodierung der Vergangenheit (s. ebd.: 21). Ziel der Neuen

Historischen Romane ist demnach – wie der Titel seines Werks *Reescribir el pasado* schon andeutet – eine Dekonstruktion historischer Mythen und die Aktualisierung deren Inhalts: „Los héroes inmortalizados en mármol o bronce, descienden de sus pedestrales para recobrar su perdida condición humana" (ebd.: 11).

Der von Linda Hutcheon geprägte Begriff der Historiographischen Metafiktion, von ihr quasi zum Synonym für die gesamte postmoderne Literatur erhoben, trifft auch auf den Neuen Historischen Roman zu (s. Nünning 2008: 289): Wie die Bezeichnung bereits andeutet, ist die Metafiktion ein konstitutives Merkmal dieses Romantyps, indem „contructing, ordering, and selecting processes […] shown to be historically determined acts" offengelegt werden. Geschichtliches Wissen wird hier einerseits erläutert und andererseits auf seinen Wahrheitsgehalt hin in Frage gestellt wird (s. Hutcheon 1988: 92). Auch die Verwendung intertextueller Bezüge ist ein wichtiger Bestandteil der Historiographischen Metafiktion, die als „a formal manifestation of both a desire to close the gap between past and present of the reader and a desire to rewrite the past in a new context" verwendet werden (Hutcheon 1988: 118). Weitere wichtige Merkmale sind das Spiel mit Lüge und Wahrheit im geschichtlichen Kontext, detaillierte und ausschmückende Beschreibungen sowie das Auftreten historischer Figuren mit dem Ziel der Authentifizierung der Handlung (s. ebd.: 114).

Gemein ist diesen Charakterisierungen vor allem die bewusste Vermischung historischer Fakten und fiktionaler Elemente, sodass auf eine verzerrte Version der Geschichte dargestellt wird, die zum Beispiel durch historische Quellen authentisch wirken soll. Gerade die häufig explizit genannten intertextuellen Bezüge spiegeln den Wunsch und das gleichzeitige Bewusstsein der Unmöglichkeit, Geschichte wahrheitsgemäß im Roman zu rekonstruieren, wider.

### 2.3.2 Das Spiel mit der Realität im Neuen Historischen Roman

Durch die Mischung von Geschichte und Fiktion in Neuen Historischen Romanen entsteht häufig eine Art Spiel, das der Autor des historischen Romans mit dem Leser treibt: Ein ungeübter bzw. mit dem Handlungskontext nicht vertrauter Leser könnte leicht dazu geneigt sein, den Roman als historisch wahr anzusehen. So ist es wenig verwunderlich, dass sich viele Neue Historische Romane der Gattung der „ficción de archivo" zuordnen lassen, „un tipo de novela que dialoga con la historia, generalmente ubicada en el periódo colonial" (Viu Bottini 2007: 96). Gerade die Behandlung derart weit zurückliegender Epochen macht es für den Leser schwierig, einzuschätzen, welche Elemente historischen Fakten entsprechen und inwieweit diese vom Autor des Romans fiktionalisiert wurden. Viele dieser Romane sind im Stil von Tagebüchern oder Biographien geschrieben, die „explora[n] las fronteras entre la historia y la ficción" (Grützmacher 2006: 153) und per se subjektive Darstellungen der Geschichte sind, die nur schwer als wahr oder falsch bewertet werden können. Da Neue Historische Romane aber ja darauf abzielen, sich diesem Bewertungsschema zu entziehen, entspricht die entstehende Unsicherheit dem erklärten Ziel dieser Romane. Metafiktionale Reflexionen, die ebenfalls häufig Gegenstand Neuer Historischer Romane sind, arbeiten allerdings dagegen und sollten selbst beim leichtgläubigsten Leser Zweifel an dem Wahrheitsgehalt des betreffenden Romans aufkommen lassen:

> [Los] procesos de reflexividad y metaficción no sólo ayudan a argumentar a favor del carácter limitado del proceso textual y la imposibilidad del acceso al conocimiento completo de los succesos investigados, sino que también buscan cuestionar el *status genérico* de los discursos histórico y literario. (Colomina 2003: 260)

Gerade durch diese metafiktionalen Elemente wird deutlich, dass der Neue Historische Roman die Geschichte nicht neu schreibt, sondern aufdeckt, dass es sich bei jeder Form der Rekonstruktion historischer Ereignisse nur um einen Beitrag zum historiographischen Diskurs handeln kann. Dadurch tritt auch das einzelne historische Ereignis hinter allgemeine Überlegungen auf einer Makroebene der Geschichte zurück: Die „nueva percepción del discurso histórico en la literatura latinoamericana ya no [es] una reconstrucción de los hechos pasados, sino una contrucción e interpretación de macroestructuras en las que se encierra una visión global del destino continental" (Perkowska-Álvarez 2008: 21).

Da somit jeder Autor in einem Roman seine eigene Version der Geschichte verarbeitet, könnte man auch von „una subjetivización progresiva de la realidad" sprechen (Cohn 1979: 21, zit. nach Martínez García 2002: 210). Wie in 2.2.3 schon deutlich wurde, handelt es sich bei einem Autor oder Historiker nie um eine neutrale Person; auch er führt den Selektions- und Sinnstiftungsprozess, der hinter einem historischen Roman steht, mit einer bestimmten Zielsetzung durch. Im Mittelpunkt eines Romans steht somit nicht mehr das historische Ereignis, sondern dessen Bedeutung in der Gegenwart (s. Hutcheon 1988: 96). Auch Romane, die in einer weit zurückliegenden Vergangenheit spielen, haben häufig einen Bezug zur Aktualität, dadurch dass „el pasado remoto alude o evoca sentimientos o situaciones cercanas reconocibles para el lector que comparte el contexto del autor" (Viu Bottini 2007: 27). Auch für die Analyse eines Werkes verliert somit die Frage, welche Elemente historisch oder fiktiv sind, an Bedeutung. Stattdessen gilt es, mit Blick nach vorne zu untersuchen, welche Intention der Autor mit seinem Roman verfolgt und welche Aussage über die Gegenwart dahintersteht.

## 3   Die Erzählerfigur der Postmoderne

Wie in der Einleitung schon angedeutet wurde, erfährt neben dem Autor auch die Erzählerfigur eine Aufwertung im Neuen Historischen Roman. Wie im vorigen Kapitel deutlich wurde, steht im Fokus des Romans nicht mehr die Frage, was erzählt wird (die

‚Geschichte'), sondern die Diskursebene und die Frage, wie die ‚Geschichte' präsentiert wird.[2] Viele charakteristische Eigenschaften des Neuen Historischen Romans wie metafiktionale Überlegungen oder multiperspektivische Darstellungen kommen vor allem durch spezifische Erzählsituationen zum Ausdruck, die so wesentlich zum innovativen Charakter dieser Gattung beitragen:

> La modernización de la serie literaria se manifiesta en la incorporación de técnicas, temas y perspectivas que a menudo entran en conflicto con la visión histórica de la realidad y con las convenciones del discurso histórico tradicional (realista), incluso si se trata de su vertiente ficcional. (Perkowska-Álvarez 2008: 24)

Um die Rolle des Erzählers im Neuen Historischen Roman genauer untersuchen zu können, ist es wichtig, zuvor deutlich zu machen, welche Rolle der Erzählerfigur in einem Erzähltext zukommt. Monika Fludernik identifiziert in *Erzähltheorie. Eine Einführung* (2008) vier Funktionen, die ein Erzähler im Text einnehmen kann: Zum einen präsentiert er die erzählte Welt, bleibt dabei aber meist verdeckt. Zweitens kann er auch eine kommentierende oder erklärende Funktion haben:

> Er erklärt, warum Ereignisse eintreten, führt auf politische oder soziale Umstände zurück, deutet die Motivation der Charaktere. [...] Solche Bewertungen und Erklärungen zielen primär darauf ab, die Sympathie bzw. Antipathie des Lesers für bestimmte Charaktere zu wecken und ein Normensystem für die erzählte Welt bzw. deren Rezeption zu entwickeln. (Fludernik 2008: 38)

Die Erzählerfigur kann außerdem die Rolle eines Philosophen einnehmen, der generelle Aussagen macht, die auf die erzählte Welt oder auch auf die extratextuelle Welt bezogen sein können. Als viertes nimmt der Erzähler auch eine vermittlungsbezogene Funktion ein: Durch die direkte Anrede des Lesers oder metafiktionale Überlegungen tritt er quasi in Kommunikation mit dem (impliziten) Leser (s. ebd.: 38). Während der Erzähler, der nur die erzählte Welt präsentiert, meistens nicht explizit als homodiegetischer Erzähler in dieser auftritt, steigt der Grad der Involviertheit und Partizipation mit den verschiedenen Funktionen. Damit nimmt auch die Bedeutung dieser Figur für die Interpretation eines Textes zu: Da das Geschehen durch ihn gefiltert wird und er die Interpretation des Textes durch Kommentare und Reflexionen lenkt, ist der Erzähler eine Schlüsselfigur für die Interpretation.

Auch wenn der Autor mit der Konstruktion einer Erzählinstanz „eine bestimmte Sicht der fiktiven Wirklichkeit inszeniert" (Stenzel 2005: 79), darf nicht vergessen werden, dass diese „Instanz ebenso wie die Geschichte selbst ein Bestandteil einer fiktionalen Konstruktion der Wirklichkeit [ist]" (ebd.: 78) und keinesfalls mit dem real existierenden Autor gleichgesetzt werden darf.

## 3.1 Entwicklung der Erzählerfigur in der Postmoderne

In einem traditionellen historischen Roman kommt der Erzählerfigur lediglich die erste der vier von Fludernik genannten Funktionen zu: Sie präsentiert die erzählte Welt, in

---

[2] Vgl. zur Unterscheidung von Geschichte und Diskurs: Genette 2010: 181f.

der „los hechos narrados ‚se cuentan por sí mismos'" (Viu Bottini 2007: 52). Da davon ausgegangen wird, dass es nur eine wahre und objektive Version der Geschichte gibt, ergibt sich daraus auch, dass keine explizite, erklärende oder interpretierende Erzählerfigur benötigt wird. Der traditionelle historische Roman wird von einem über dem Geschehen stehenden, allwissenden Erzähler geschildert und kann somit „ocultar las marcas del narrador y de su trabajo de texto tras la objetividad de la tercera persona" (Viu Bottini 2007: 52). Analog zu anderen wissenschaftlichen Texten zeichnen sich die Objektivität und der Wahrheitsgehalt eines historischen Romans gerade durch einen möglichst unsichtbaren Erzähler aus, der hinter den Text zurücktritt.

Im 20. Jahrhundert rückt die Erzählerfigur zunehmend in den Mittelpunkt moderner, experimenteller Romane und stellt auch einen wichtigen Bestandteil Neuer Historischer Romane dar: Statt einem auktorialen, alles erklärenden Erzähler in der 3. Person kommt immer häufiger ein Ich-Erzähler zu Wort, dessen Objektivität von Anfang an zweifelhaft ist: „[La] desaparición del narrador-guía rompe el convencional pacto de confianza que preside la narración clásica, dejando al lector en la incertidumbre" (Martínez García 2002: 214). Diese Unsicherheit, die durch das Bewusstsein der Situiertheit der Erzählinstanz entsteht, wird „häufig in modernen Romanen verwendet, um die Verstehbarkeit der erzählten Wirklichkeit in Frage zu stellen" (Stenzel 2005: 83). In die Fußstapfen des *narradora-guía* treten unzuverlässige und zunehmend in die Handlung involvierte Erzählerfiguren, in denen sich diverse Charakteristika des postmodernen Denkens wie Autoritätskrise, Multiperspektivität oder der Einfluss der Gegenwart auf die Interpretation der Vergangenheit widerspiegeln.

Die Autoritätskrise, die, wie im zweiten Kapitel deutlich wird, im postmodernen Diskurs zum einen für Zweifel an der objektiven Wahrheit und insbesondere in Lateinamerika auch für einen Vertrauensverlust in die Eliten der Politik und Wirtschaft steht, kommt in der Literatur oft durch das Auftreten eines unzuverlässigen Erzählers zum Ausdruck. In diesem Fall ergeben sich im Laufe der Handlung Widersprüche in der Erzählung, sodass dem Leser der Orientierungspunkt fehlt und er mit dem Gefühl der Unsicherheit durch die Handlung geführt wird:

> Esta crisis de autoridad y verdad se reflejará en el campo literario a través de una relativización de dichos conceptos en un discurso donde ‚there is no privileged narrator upon whom the reader can rely for complete information, nor is there an authoritative discourse or figure to whom we can turn for something like an objective, final truth regarding fiction'. (Colomina 2003: 252)

Der unzuverlässige Erzähler enttäuscht die Erwartungen des Lesers und führt quasi ein Spiel mit ihm. Gerade dieser unzuverlässige Erzähler trägt somit dazu bei, dass in Neuen Historischen Romanen keine Neuschreibung der Geschichte stattfindet – auch wenn der Erzähler dies als Ziel propagiert. Stattdessen wird auch diese neue Version durch das ‚Verhalten' der Erzählerfigur sogleich in Frage gestellt und als Konstrukt entlarvt, das genauso wenig wahr und objektiv ist wie vorherige Versionen.

## 3.2 Distanz zum historischen Geschehen

Ebenso wie Menton es als unabdingbares Kriterium ansieht, dass der Autor eines historischen Romans in gewisser zeitlicher Distanz über ein historisches Ereignis schreibt, zeichnet sich auch der Erzähler eines historischen Romans dadurch aus, dass er zeitlich distanziert das Geschehen reflektiert und nicht unmittelbar in das Geschehen involviert ist. Gerade diese Distanz verschwindet aber in Neuen Historischen Romanen häufig: Auf der einen Seite geschieht dies durch das Spannungsverhältnis verschiedener Zeitebenen, in denen sich viele Neue Historische Romane und auch deren Erzählerfiguren angesiedelt sind: „Ausgehend von der Überlegung, daß historische Romane nicht nur geschichtliche Themen behandeln, sondern auch ‚Probleme der Zeit, in der sie entstehen' reflektieren, stellt Gallmeister (1981: 160) daher zu Recht fest, dass sich Texte dieses Genres ‚häufig auf zwei Zeitebenen' bewegen" (Nünning 1995, I:106). Dadurch wird deutlich, dass es sich bei der Geschichtsschreibung nicht um einen abgeschlossenen Prozess handelt, sondern dass dieser vor allem von der Gegenwart instrumentalisiert wird: Die Distanz zwischen beiden Zeiträumen verschwindet.

Darüber hinaus tragen auch „la narración en primera persona, el uso del monólogo interior o de diálogos coloquiales" (Grützmacher 2006: 148) zur Brechung dieser Distanz bei. Durch die Schilderung eines historischen Ereignisses aus der Sicht eines Ich-Erzählers wirkt die Darstellung besonders subjektiv, ist aber andererseits auch gut dazu geeignet „[de] ‚naturalizar' el procedimiento narrativo y conseguir un alto efecto de credibilidad" (Martínez García 2002: 215). Monologe und Dialoge können dazu dienen, den Leser direkt ‚in die Geschichte zu entführen': In ihnen spiegeln sich direkt Gedanken der Protagonisten wider und tragen somit dazu bei, die Motive ihrer Handlungen nachvollziehen zu können. Dabei handelt es sich aber offensichtlich um fiktive Elemente, die nie der historischen Wirklichkeit entsprechen können.

Insgesamt kann man sagen, je weniger Distanz zwischen Erzählinstanz und historischem Geschehen, „desto mehr erscheinen auch ihre Deutungen und Erklärungen als interessengeleitet und möglicherweise zweifelhaft" (Stenzel 2005: 79). Gerade durch diese fehlende Distanz kann die Erzählerfigur der Rolle eines traditionellen allwissenden und objektiven Erzählers nicht gerecht werden: Sein Blick auf das historische Ereignis „es la perspectiva de un sujeto que se ve incapaz o renuncia a imponer un orden, un significado y una finalidad a una vida que carece de ellos" (Martínez García 2002: 217). Anstatt ein historisches Ereignis kohärent und objektiv zu rekonstruieren, wird er damit zum Schöpfer seiner eigenen Version der Geschichte.

## 4  Santa Evita

### 4.1  Autor und Inhalt des Werkes

*Santa Evita* ist nach *La novela de Perón* Tomás Eloy Martínez' zweites Werk, das von ihm selbst explizit als Roman betitelt wird und sich von seinen bis dato eher journalistischen Werken unterscheidet. Martínez befasst sich in *Santa Evita* mit der Geschichte Eva Peróns, die nicht nur zu Lebzeiten, sondern auch danach als einbalsamierte Leiche viel Aufsehen erregte und bis heute einen der größten Mythen der argentinischen Geschichte darstellt.

In dem Roman rekonstruiert ein Journalist, das *Alter ego* des Autors Tomás Eloy Martínez, Evitas Lebensgeschichte und deckt auf, was nach ihrem Ableben mit ihrer Leiche passierte. Der beauftragte Einbalsamierer Pedro Ara kümmerte sich nicht nur um Evitas Leichnam, sondern fertigte auch noch drei Kopien ihres Körpers an. Nach dem Sturz Peróns wird Coronel Moori Koenig damit beauftragt, Leichnam und Kopien verschwinden zu lassen. Die Leiche zieht aber alle Personen, die sich näher mit ihr beschäftigen, in einen Bann, wodurch sich dieser Auftrag zu einer langen Odyssee entwickelt. Die Leichen werden erst in Argentinien begraben und später nach Europa gebracht. Auch wenn der Coronel Evitas Leiche heimlich im Altmühltal in Deutschland begräbt, lässt ihn Evita zeitlebens nicht mehr los.

Diese historische Binnenhandlung ist das Ergebnis der Forschungen, die der Erzähler Martínez Jahre später in einer Rahmenhandlung betreibt. Auf den ersten Blick wirkt seine Arbeit wie das Ergebnis einer aufwendigen wissenschaftlichen Recherche, die sich an den historischen Fakten orientiert. Es nicht verwunderlich, dass einige Leser in die Falle tappen, den Roman für bare Münze zu nehmen, so zum Beispiel ein venezolanischer Journalist, der der Meinung war, dass es sich bei *Santa Evita* um eine Reportage und nicht um einen Roman handle (Neyret 2002: 8). Der Autor gab aber selbst in einem Interview an, „que hay un subtítulo enorme al pie de *Santa Evita*, que yo me he empeñado en que aparezca siempre, que dice *Novela*. Novela significa licencia para mentir, para imaginar, para inventar" (Neyret 2002: 4). Die Verwendung journalistischer Techniken macht es dem Leser unmöglich, Wahrheit und Fiktion auseinanderzuhalten:

> [No] hay una sola línea de verdad allí, y sólo yo sé qué es verdadero, querio decir, qué es falso. Pero tiene un acento de verdad porque la técnica periodística le asigna una versomilitud incuestionable. (Neyret 2002: 7)

Gerade dieses Spiel zwischen scheinbarem wissenschaftlichen Arbeiten und der Verwendung fiktiver Elemente macht den Roman besonders interessant. Der fragmentarische Aufbau, die Verwendung intertextueller Elemente und die multiperspektivische Darstellung der Figur Evitas könnten ein Musterbeispiel revisionistischer Geschichtsschreibung mit dem Ziel der Dekonstruktion des Mythos Evita sein, würde der Erzähler-Journalist Martínez nicht bei seinem Projekt scheitern. Er selbst wird im Laufe seiner Forschungen selbst in den Bann des Mythos Evita gezogen und kann diesen trotz all seiner Recherchen nicht fassbar machen. Da Martínez als Forscher selbst seine Informationen über Evita selektiert, ordnet und interpretiert, trägt er auch die Verantwortung für das Scheitern seines Rekonstruktionsversuchs. Als Autor der historischen Ebene ist Martínez eine Schlüsselfigur für die Analyse des Romans.

Vor der Analyse dieser Erzählerfigur Martínez soll nun kurz auf die Frage eingegangen werden, inwiefern *Santa Evita* den in 2.3.2 vorgestellten Charakteristika Neuer Historischer Romane entspricht.

### 4.2 Handelt es sich bei *Santa Evita* um einen historischen Roman?

Der Roman *Santa Evita* lässt sich leicht verschiedenen Literaturgenres zuordnen. Da über den Fall einer verschwundenen Leiche ermittelt wird, lässt sich beispielsweise eine Nähe zur *Novela policial* feststellen (s. Perkowska-Álvarez 2008: 327). Darüber hinaus enthält der Roman ähnlich wie Werke von Rodolfo Walsh journalistische Elemente, die die Glaubwürdigkeit seines Romans stützen sollen (s. Perkowska-Álvarez 2008: 329).

Da *Santa Evita* sich mit der Lebensgeschichte Eva Peróns beschäftigt, ist dieser Roman in jedem Fall im Umfeld der historischen Romane anzusiedeln. In Mentons Liste der Neuen Historischen Romane würde *Santa Evita* aber ebenso wie *La novela de Perón* keinen Platz finden: Beide Romane werden dem ersten entscheidenden Kriterium, dass sich die Handlung in „un pasado no experimentado directamente por el autor" abspielen muss, nicht gerecht (Menton 1993:32), da Martínez bei Evitas Tod bereits 22 Jahre alt war. Viele der übrigen Merkmale des Neuen Historischen Romans finden sich aber in *Santa Evita* wieder: Ein historisches Ereignis, das Verschwinden des Leichnams von Evita, wird in einem Roman verzerrt dargestellt, der eine Vielzahl intertextueller Bezüge, Dialogizität und metafiktionaler Überlegungen aufweist (vgl. ebd.: 42-44). Martínez selbst war kein großer Anhänger von Mentons Einteilung und bedauert es daher auch nicht, von dessen Liste Neuer Historischer Romane ausgeschlossen zu werden (s. Neyret 2002: 9).

Da sich *Santa Evita* im Spannungsfeld der bis heute kontroversen Diskussionen über Bedeutung Evitas befindet und die Dekonstruktion des Mythos Evita anstrebt, entspricht er Aínsas oder Grützmachers Klassifizierungen eines Neuen Historischen Romans und auch Hutcheons Historiographischer Metafiktion. In *Santa Evita* wird der

Konstruktions- und Auswahlprozess eines geschichtlichen Ereignisses offengelegt und dessen Wahrheitsgehalt in Frage gestellt (vgl. Hutcheon 1988: 114).

*Santa Evita* kann somit als Neuer Historischer Roman verstanden werden, auch wenn er nicht allen Kriterien Mentons entspricht. Insgesamt enthält der Roman durch seine fragmentarische Gestaltung Merkmale verschiedenster Literaturgenres: „[Es] la intensidad y la extensión de esta confusión de géneros y modos discursivos que se intersectan o entretejen" (Perkowska-Álvarez 2008: 327). Dadurch wirkt der Text selbst wie ein Diskurs der verschiedenen Sichtweisen und Interpretationen Evitas und entspricht dem postmodernen Geschichtsverständnis.

### 4.3 Aufbau und Erzählerfigur

Wie oben schon angedeutet, handelt es sich bei *Santa Evita* um einen sehr fragmentarisch aufgebauten Roman. Er besteht aus 16 Kapiteln, die ihrerseits äußert heterogen sind. Durch die Mischung verschiedener Zeitebenen und Stimmen entsteht ein collagenartiges Werk, in dem drei Handlungsstränge verfolgt werden. Es gibt zwei historische Ebenen. Auf einer Ebene wird die Lebensgeschichte Evitas bis zu ihrem Tod 1952 ausschnitthaft und keiner erkennbaren Chronologie folgend rekonstruiert, auf der anderen stellt der Erzähler chronologisch die Geschichte Moori Koenigs und der Leiche Evitas dar. Daneben gibt es die aktuellere Forschungsebene, in der der Erzähler über die historischen Ereignisse forscht. Der Erzähler Martínez schildert diesen Prozess retrospektiv und nicht chronologisch. Er verwendet einige Analepsen, in denen er sich an den Leser wendet („Le conté todo lo que ustedes ya saben" (SE: 296)). Dadurch wird eine Binnenkommunikation zwischen der Erzählerfigur und der impliziten Leserschaft suggeriert und deutlich gemacht, dass der Erzähler Martínez sich sich mit seinem Werk sehr bewusst an einen Leser wendet.

Martínez' Erzählverhalten ändert sich in den verschiedenen Zeitebenen: Auf der historischen Ebene nimmt er die Position eines heterodiegetischen Erzählers mit wechselnder interner Fokalisierung ein.[3] Er besitzt zum Teil auktoriale Fähigkeiten und berichtet beispielsweise im 1. Kapitel von Evitas Tod („Evita tuvo al fin la certeza de que iba a morir. [...] Sólo la idea de la muerte no le dejaba de doler" (SE: 11)). Über die Ereignisse nach Evitas Tod berichtet er ebenfalls als Erzählerfigur, die Zugang zu den Gedanken und Gefühlen der Protagonisten besitzt. Die Handlung wird aus der Perspektive verschiedener Protagonisten wie z.B. aus der des Coronels oder des Einbalsamierer Ara im Erzählmodus präsentiert und durch verschiedene Modi vermittelt. Martínez nutzt sowohl den narrativen Modus als auch die erlebte Rede oder den dramatischen Modus in Dialogen oder Monologen.

---

[3] Die Konzepte der Erzählmodi (Fokalisierung, homodiegetischer/ heterodiegetischer Erzähler) beziehen sich auf das Verständnis Genettes (vgl. dazu: Genette 2010: 4. Kapitel).

Während der Erzähler auf der historischen Ebene im Hintergrund bleibt, nimmt Martínez auf der Forschungsebene die Rolle eines homodiegetischen Erzählers ein, der zwar keinen Zugang zu den Gedanken anderer Figuren besitzt, aber eigene Überlegungen über seine Forschungen mit einbringt. Zudem verwendet er eine Vielzahl von Quellen, von Zeitungsberichten über Zeitzeugen bis hin zu Filmen, die zum Teil von ihm zusammengefasst, teilweise aber auch direkt zitiert werden. Dadurch kommt in *Santa Evita* eine Vielzahl verschiedener Stimmen zu Wort, die häufig abrupt und unvermittelt einsetzen und zur fragmentarischen Wirkung des Werkes beitragen.

### 4.4  Analyse der Erzählerfigur

#### 4.4.1 Parallelen zwischen Autor und Erzähler

Da es sich bei der Erzählerfigur[4] um das *Alter ego* des Autors Martínez handelt, lassen sich zahlreiche Parallelen zwischen beiden aufzeigen, durch die Martínez einem autofiktionalen Erzähler ähnelt: „Tomás Eloy' comparte muchos detalles con el autor real, por lo que la novela adquiere cierto rasgo autoficcional" (Schlickers 2005: 119). Auch wenn der Name des Erzählers, Tomás Eloy Martínez erst im letzten Kapitel genannt wird (s. SE: 467), werden schon vorher diverse Parallelen zum Leben des Autors deutlich. Beide haben in Tucumán gelebt (s. SE: 66), gingen während der Diktaturzeit ins Exil nach Caracas (s. SE: 294) und wohnten später in New Jersey (s. SE: 90).[5] Der Erzähler ist wie der Autor Martínez Journalist und Autor des Romans *La novela de Perón* (s. SE: 467). Der Erzähler Martínez gibt im Laufe der Zeit noch viele weitere Details über sein Privatleben bekannt, die in 4.4.1 noch näher untersucht werden. Auch dies könnten autobiographische Elemente aus dem Leben des Autors sein, die im Gegensatz zu Wohnort oder Beruf aber nur schwer nachzuweisen sind.

Da der Autor vornehmlich für seinen journalistischen Schreibstil bekannt ist (Perkowska-Álvarez, Magdalena 2008: 324), wird beim Leser die Erwartung geweckt, dass es sich bei *Santa Evita* ebenfalls um ein journalistisches Werk handelt, das sich an der Realität orientiert. Schon allein die Ähnlichkeit zwischen Autor und Erzähler trägt somit zur Authentisierung des Romans bei.

#### 4.4.2 Zeitzeugen

Um eine möglichst komplette Version der Geschichte Evitas zu erlagen, interviewt Martínez alle Zeitzeugen, derer er habhaft werden kann: Evitas Mutter und ihre Geschwister (s. SE: 70), ihren Frisör Julio Alvarez (s. SE: 93.), befreundete

---

[4] Um Verwechslungen zwischen Autor und Erzähler vorzubeugen, ist mit Martínez in den folgenden Teilkapiteln immer die fiktive Erzählerfigur Martinez gemeint, während der reale Autor Martínez lediglich als Autor bezeichnet wird.

[5] Zu den biographischen Angaben über den Autor vgl. Kurzbiographie des Suhrkamp-Verlags: http://www.suhrkamp.de/autoren/tomas_eloy_martinez_3120.html (zuletzt abgerufen am 10.06.2013).

Schauspieler (s. SE: 12), Evitas Butler Renzi (s. SE: 147), Mario Cariño, der sich um Evita kümmerte, als sie nach Buenos Aires kam (s. SE: 376), die Witwe des Coronels Moori Koenig und Aldo Cifuentes („el último confidente del Coronel y el guardían de sus cartas", SE: 173). Martínez bringt diese verschiedenen Stimmen nach einem ähnlichen Schema in die Erzählung ein. Er stellt die betreffende Person vor und beschreibt ihr Verhältnis zu Evita. Über Aldo Cifuentes, den wichtigsten Informanten über den Coronel Moori Koenig, erzählt er beispielsweise, dass Moori Koenig ihm selbst von Evita und den Kopien erzählt habe und er dessen Notizbücher aufbewahre. Martínez erwähnt aber auch Details aus Cifuentes' Privatleben: Auch er hat beim Militär gearbeitet (s. SE: 174), „acumulaba matrimonios [y] iba por el sexto cuando Perón expropió todos los periódicos de la familia y lo dejó en ruina" (s. SE: 173). Interessant ist hier, dass die Interviewpartner nicht nur Informationen über Evita liefern, sondern auch Teile ihrer Lebensgeschichte in die Rekonstruktion mit einfließen. Im Falle Cifuentes beispielsweise ist somit von Anfang an klar, dass er allein durch die Enteignung kein Anhänger Perons und Evitas gewesen sein wird und somit auf keinen Fall eine neutrale Quelle über Evita darstellt.

Martínez führt auch gerne Anekdoten an, unter welchen Umständen sich der jeweilige Zeitzeuge und Evita oder Moori Koenig kennengelernt haben. Cifuentes wird vom Coronel zum Essen eingeladen, nachdem dieser sein Pamphlet gegen Evita gelesen hat (s. SE: 174); der Frisör Julio Alcaraz lernte Evita wiederum 1940 bei einem Filmdreh kennen. Auch Martínez eigenes Verhältnis zum interviewten Zeitzeugen wird beleuchtet, wobei immer Jahreszahlen oder Ortsangaben genannt werden. Das Interview mit der Witwe des Coronels führte Martínez am 15. Juni 1991, die Gespräche mit Cifuentes fanden zwischen Juli 1985 und März 1988 statt (s. SE: 173). Die Umstände, unter denen Martínez seine Zeitzeugen kennenlernt, werden detailliert ausgeführt: Evitas Frisör Alcaraz lernte er beispielsweise zu einem Zeitpunkt kennen, als er selbst „pensaba entonces en escribir grandes novelas" und „en las mujeres que [le] habían rechazado" (SE: 94). Er sollte damals ein Buch über argentinische Filmstars schreiben und interviewte Alcaraz (s. ebd.). Auch wenn viele dieser Informationen für die Rekonstruktion der Geschichte Evitas völlig irrelevant sind, tragen sie dazu bei, dass sowohl die Erzählerfigur als auch die Zeitzeugen ‚an Leben gewinnen': Sie sind nicht bloß (neutrale) Lieferanten von Informationen, sondern stehen selbst in einem Spannungsverhältnis zu ihrer eigenen Lebenswelt und ihrer Beziehung zu Evita. Darüber hinaus verstärken die Einordnung der Interviewpartner und die Nennung von Daten und Details wiederum die Authentizität der Geschichte.

### 4.4.3 Schriftliche Quellen

Intertextuelle Bezüge sind ein häufig verwendetes und durchweg als konstitutiv bezeichnetes Merkmal Neuer Historischer Romane. Ein Blick auf die Liste der in *Santa Evita* explizit genannten Texte im Anhang genügt, um festzustellen, dass dies in besonderem Maße auf diesen Roman zutrifft.

Der Erzähler Martínez erwähnt und benutzt neben den Zeitzeugen eine Vielzahl von Dokumenten: Von Zeitungsausschnitten über Urkunden bis hin zu literarischen Werken. Um die Geschichte Evitas zu rekonstruieren, hat er eine akribische Arbeit geleistet: „Excavé en los archivos de los diarios, vi los documentales de la época, oí la grabaciones de la radio" (SE: 114). Auch andere Medien wie Film und Bild hat er als Quellen für seine Forschung genutzt.

Viele dieser Dokumente, wie Zeitungsberichte oder Zertifikate dienen wiederum dazu, Martínez' Version der Geschichte Evitas zu stützen. So besitzt Martínez beispielsweise Dokumente, die „certificaban la salida de Evita y de sus copias hacia los puertos de Génova, de Hamburgo, de Lisboa" (SE: 293). Auch verschiedene Zeitungsberichte, wie ein Ausschnitt aus der Zeitung *Clarín* vom 22.8.1951 (s. SE: 110), verfolgen dasselbe Ziel.

Daneben zitiert Martínez auch andere Werke, die die historischen Protagonisten des Romans nachweislich herausgegeben haben, darunter Evitas Buch *La razón de mi vida* (s. SE: 76, 224) oder Aras Erinnerungen *El caso de Eva Perón* (s. SE: 32, 189).

Über Zeitzeugen und Archivarbeit erhält Martínez außerdem Zugang zu einer Fülle persönlicher Notizen, die einen großen Beitrag zur Rekonstruktion der Geschichte Evitas leisten und häufig zitiert werden. Martínez ist beispielsweise in Besitz der Notizhefte von Moori Koenig (z.B. s. SE: 144), seinem Spion (s. SE: 43) und dem Einbalsamierer Ara (s. SE: 31) und wird nicht müde, dies zu betonen um auf die Authentizität seiner Geschichte hinzuweisen („Ciertos apuntes del Coronel – de los que tengo copia – [...]" (SE: 32)).

Da Martínez sich bewusst ist, dass jede zweifelhafte Quelle „debe ser confirmada por otra y ésta a su vez por una tercera" (SE: 71), konsultiert er Archive um sich Aussagen seiner Zeitzeugen bestätigen zu lassen: „Si el maleficio invocado por la viuda del Coronel era verdadero, tarde o temprano iba a encontrar algún hecho que lo confirmara" (SE: 171). Umgekehrt bittet Martínez die Zeitzeugen auch, die Korrektheit seiner Dokumente zu bestätigen (s. SE: 66). Das Archiv hilft ihm, die Existenz bestimmter Personen nachzuweisen, wie es im Falle des Butlers Renzi nötig ist:

> Cuando el propio Renzi me contó la historia catorce años después, ya casi nadie se acordaba de él. Debí examinar varios archivos antes de rescatar algunas huellas de su vida anterior. (SE: 147)

Martínez benutzt auch Quellen mit zweifelhaftem Wahrheitsgehalt. Er erzählt zum Beispiel detailliert im narrativen Modus die Geschichte der Familie Masa, die sich auf einer Pilgerfahrt für Evita verirrten und kurz vor dem Verdursten mitten in der Wüste ein verlassenes, erleuchtetes Haus fanden (s. SE: 87). Auch Martínez traut dieser Geschichte, die er unter anderem in der peronistischen Zeitschrift *Mundo Peronista* findet, nicht (s. Se: 89). Er erkennt aber, dass auch diese Berichte eine große Aussagekraft über das Bild Evitas in den unteren Bevölkerungsschichten hat, die Evita teilweise einen Heiligenschein zusprachen (s. SE: 141). Er klammert diese Ereignisse nicht einfach aus, bleibt aber misstrauisch und versucht diese Berichte durch Zeitzeugen zu verifizieren, indem er beispielsweise den Sohn der Familie Masa sucht (No me: 88).

Ähnlich wie Zeitzeugen geben auch schriftliche Quellen nicht nur Auskunft über die Lebensgeschichte Evitas, sondern übernehmen noch eine weitere Funktion. Sie stehen selbst in einem bestimmten Verhältnis zu Evita und stellen auf diese Weise auch kontroversen Meinungen über sie dar. Dies trifft auch auf die Fülle literarischer Texte zu, die sich, wie Martínez in *Santa Evita* aufzeigt, mit dem Mythos Evita beschäftigen. Viele davon stammen von namenhaften argentinischen Autoren wie Jorge Luis Borges, Julio Cortázar oder Silvina Ocampo.

Vor allem die Erzählung „Esa mujer" von Rodolfo Walsh hat eine wichtige Bedeutung: Walsh bestätigt Martínez bei einem Treffen, dass „Esa mujer" keine Erzählung, sondern die Transkription eines Gesprächs mit dem Coronel Moori Koenig ist (s. SE: 365). In den literarischen Werken, die allesamt von Mitgliedern einer intellektuellen Oberschicht, der auch Martínez angehört, geschrieben wurden, kommt ein äußerst negatives Bild von Evita zum Ausdruck. Martínez fasst dies folgendermaßen zusammen: „La literatura ha visto a Evita de un modo prescisamente opuesto a como ella quería verse" (SE: 244). Martínez kommentiert diese Werke, wobei er herausstellt, dass es auffällig oft um den in Argentinien so häufig thematisierten Gegensatz von Zivilisation und Barbarei geht:

> El proposito de Borges era de poner en evidencia la *barberie* del duelo y la falsificación del dolor a través de una representación excesiva: Eva era una mujer muerta en una caja de cartón, que se venera en todos los arrabales. (SE: 240, über Borges' „El simulacro")

> [...] 1950. Ese año, Julio Cortázar teminó *El examen*, novela imposible de publicar en más de un sentido, como él mismo lo declara en el prólogo de tres décadas después. Es la historia de *una multitud animal* que se descuelga desde todos los rincones de la Argentina para adorar un hueso en la Plaza de Mayo. (SE: 238, über Cortázars *El Examen*)

> De pronto, los adalides *de la civilización* se entreraron con alivio de que las navajas del cancér taladraban la matriz de 'Esa mujer'. En la revista *Sur*, resignado cobijo de la inteligencia argentina, la poetisa Silvina Ocampo avizoraba en pareados enfáticos el fin de la pesadilla. (SE: 82, Gedicht von Silvina Ocampo) (eigene Hervorheben)

Während Evita von der einfachen Bevölkerung wie der Familie Masa wie eine Heilige verehrt wird, zeichnet die argentinische Elite ein durchweg negatives Bild von Evita und sieht in ihr „una resurrecíon obscena de la barbarie" (SE: 82). Mithilfe der literarischen Werke kann Martínez somit zum einen darstellen, wie gespalten die Meinungen über Evita in der argentinischen Gesellschaft sind und waren und betont zum anderen auch, welche Ängste die Oberschicht mit ihr verband (vgl. Perkowska-Álvarez 2004: 82).

Die intertextuellen Bezüge legen somit einerseits die Quellen offen, die Martínez für seine Forschungen benutzt hat und untermauern wiederum seine Glaubwürdigkeit. Darüber hinaus spiegelt sich darin aber auch ein Paradigmenwechsel, weg von der bloßen Rekonstruktion eines historischen Ereignisses, hin zu der überzeitlichen Wirkung dieses Ereignisses, wider. Martínez geht es nicht darum, nur die historisch-wahren Fakten über Evitas Geschichte ans Licht zu bringen, sondern eine Vielzahl von Stimmen in Erzählungen oder Texten nebeneinanderzustellen.

### 4.4.4 Wissenschaftliche Arbeitsweise

Neben der Verwendung von Dokumenten und Befragungen von Zeitzeugen benutzt Martínez noch weitere Techniken aus dem Bereich des wissenschaftlichen Arbeitens, die seinen Bericht wissenschaftlich-korrekt wirken lassen und ihn als vertrauenswürdigen Historiker auszeichnen.

Auffällig ist beispielsweise seine Skepsis hinsichtlich der Korrektheit seiner Forschungsergebnisse. Hier lassen sich diverse Parallelen zu Erzählerfiguren des Typs ‚skeptischer Wissenschaftlicher' ziehen, die häufig in Borges' Erzählungen auftauchen. Da sich dieser von Beginn an als gewissenhafter und kritischer Beobachter darstellt, „verleiht er der Erzählerperspektive einen besonderen Grad an Vertrauenswürdigkeit" (Stang 1992: 305).

Martínez fällt beispielsweise auf, dass andere Biographen dazu tendieren, widersprüchliche Angaben auszulassen („¿Viste lo que hacen los biógrafos de Evita? Cada vez que tropiezan con un dato que les parece loco, no lo narran" (SE: 296)) und hält dagegen, indem er diese Ereignisse iterativ erzählt. Er stößt beispielsweise in den Tagebüchern Aras und Moori Koenigs auf widersprüchliche Angaben über die Nacht, als Evitas Leichnam in den Gewahrsam des Militärs genommen wurde:

> Su diario [de Ara] dedica un par de páginas a narrar el secuestro del cadáver. Aunque abunda en detalles, poco de lo que dice coincide con lo que el Coronel le refirió a su esposa y a Cifuentes, a través de los cuales conocí yo esa parte de la historia. (SE: 190)

Da Martínez die wahre Version nicht ermitteln kann, verwendet er beide Versionen in seiner Erzählung: Erst wird die Nacht im narrativen Modus aus der Sicht Aras geschildert (s. SE: 191-192), dann lässt er Cifuentes, dem Moori Koenig seine Erinnerungen anvertraut hat, noch einmal dieselbe Szene erzählen (s. SE: 192-194). Dasselbe Verfahren verwendet Martínez auch bei der Rekonstruktion des Abends, als

Evita ihre Kandidatur als Vizepräsidentin bekanntgeben sollte. Erst schreibt Martínez über diesen Abend ein Drehbuch (s. SE 116-136), das er dem Frisör Alcaraz vorliest, um sich dessen Korrektheit bestätigen zu lassen. Im Anschluss schildert Alcaraz aber noch einmal seine Version des Abends (s. SE: 192-194). Diese Verfahrensweise unterstützt Martínez' Glaubwürdigkeit. Er betont, dass er sich strikt an seine Quellen hält und nicht einfach einer Quelle glaubt, deren Korrektheit er nicht beweisen kann. Die Miteinbeziehung kontroverser Darstellungen entspricht aber auch dem postmodernem Verständnis von Geschichte als Diskurs und der Einsicht, dass die objektive Wahrheit nicht rekonstruierbar ist. Evita ist „un cuerpo intertextual", aber „una realidad múltiple" (Perkowska-Álvarez 2008: 75) und mit dem Prinzip der Wiederholung versucht Martínez, möglichst viele Facetten der multiplen Realität abzudecken.

Viele Dokumente liegen Martínez nur in verschlüsselter Form vor, so zum Beispiel die Notizen Moori Koenigs. Auch hier lässt es sich Martínez nicht nehmen, seine Professionalität und die Authentizität seiner Unterlagen durch die Angabe des codierten Originaltexts zu unterstreichen:

(Informe cifrado: Últimas dos líneas: cgifedbdhgqcuaslhpmkucikgqbfitfhgk[...])) (SE: 164)

In einer späteren Fußnote erklärt er noch, wie Moori Koenigs Code zu entschlüsseln ist (s. SE: 346), sodass auch Zweifel an eventuellen Übersetzungsfehlern ausgeräumt werden.

Das auffälligste Charakteristikum aus dem Bereich des wissenschaftlichen Arbeitens in dem Roman ist die Verwendung von Fußnoten. *Santa Evita* enthält elf Fußnoten (s. SE: 47, 49, 158, 160, 177, 196, 345, 346, 351) in denen Martínez Originalzitate von Zeitzeugen (s. SE: 47), Quellenangaben (s. SE: 51) oder zusätzliche erklärende Kommentare anfügt:

** Cifuentes dedujo que se trataba del borrador de una carta a Pascual Pellicoitta, el actor con quien Evita encabezaba una compañía radical [...]. (SE: 351)

Martínez verwendet auch Kommentare in Klammern mit einer ähnlichen Funktion. Zwischen Zitaten von Cifuentes kommentiert er beispielsweise in einer langen Klammer das Gespräch mit ihm: „Le hice notar a Cifuentes que su plan tenía cierto aire de familia con el que Borges describe en ‚La muerte y la brújula'" (SE: 181). Über die Verwendung dieser wissenschaftlichen Mittel sagt Stang in *Einleitung - Fußnote – Kommentar* (1992):

Die Formen wissenschaftlicher Darstellung sind für eine Wirklichkeitsverbürgung insofern besonders geeignet, als sie dem außerliterarischen Bereich der Wissenschaft entlehnt sind und durch ihre leicht zu identifizierende Form den Anschien einer realen wissenschaftlichen Veröffentlichung erwecken. (Stang 1992: 289)

Genau dieses Ziel verfolgt auch Martínez mit der Verwendung von Fußnoten oder Klammern. In einem fiktiven Text ändert sich die Bedeutung von Fußnoten aber entscheidend:

> Treten jedoch Zweifel an der Authentizität auf, und wird der Kontext als fiktiv erkannt, so kommt den oben genannten Formen eine ganz andere Funktion zu. Ihre Verwendung beinhaltet dann – ganz allgemein formuliert – immer auch eine Aussage im Rahmen der werkimmanenten Diskussion über die Fiktionsproblematik neuzeitlicher Erzählkunst [...]. (Stang 1992: 289)

In der Rahmenhandlung schöpft der Erzähler Martínez somit alle Möglichkeiten aus, sich als zuverlässiger Wissenschaftler zu etablieren. Es ist kaum verwunderlich, dass einige Leser wie der eingangs erwähnte venezolanische Journalist Martínez' Version der Geschichte Evitas glauben schenken. Dennoch treten Zweifel auf, ob er seiner Rolle als neutraler und distanzierter Wissenschaftler in *Santa Evita* wirklich gerecht wird. Bei seiner Forschung fällt zum Beispiel auf, dass Martínez eine Vielzahl von Zeitzeugen interviewt, ihm aber mit Evita, dem Moori Koenig und Pedro Ara sämtliche Protagonisten der Binnenhandlung fehlen. Obwohl er somit nur Informationen aus 2. Hand über diese Protagonisten erhält, stellt er auf der historischen Ebene in Monologen und Dialogen direkt deren Gedanken dar. Martínez' wichtigste Quelle über das Leben Moori Koenigs ist Cifuentes, der aber interessanterweise nicht in den Danksagungen auftaucht, die (der Autor oder der Erzähler) Martínez am Ende des Romans anführt (s. SE: 475-476). Da Cifuentes der Einzige ist, der ihm berichtet, dass Evitas Leiche von Moori Koenigs im Altmühltal begraben wurde (s. SE: 439), steht und fällt die gesamte rekonstruierte Geschichte der Odyssee des Leichnams mit ihm.

### 4.4.5 Identifikation des Erzählers mit der Geschichte

Bei dem Aufwand, den Martínez betreibt, um sich als zuverlässiger Wissenschaftler zu etablieren, könnte man davon ausgehen, dass sein eigenes Verhältnis zur Figur Evita distanziert und neutral ist. Als Argentinier ist ihm Evita natürlich vertraut, er hat sie selbst aber nur einmal in Tucumán gesehen (s. SE: 66). Im Laufe seiner Tätigkeit als Schriftsteller und Journalist kommt er regelmäßig wieder mit Evita in Kontakt, hat aber kein gutes Bild von ihr. Bis Martínez 1958 Alcaraz kennenlernt, sieht er Evita als „una mujer autoritaria, violente, de lenguaje ríspido, que ya se había agotado en la realidad" (SE: 93). Wie viele Argentinier sah auch er den Fall Evita mit ihrem Tod als abgeschlossen an:

> [Creía] también que Evita estaba cristalizada para siempre en una pose [...] y que, como todo lo quieto, lo redecible, ya nunca más despertaría pasiones. (SE: 293)

Martínez nimmt damit die typische Position der argentinischen Elite ein, die er selbst in den literarischen Werken über Evita nachzeichnet (s. 4.4.3). Für ihn persönlich hat sie keine große Bedeutung, sodass er Warnungen, die er zu Beginn seiner Forschungen von mehreren Personen (wie Raimundo Masa oder Moori Koenigs Witwe) erhält, keine Beachtung schenkt:

> Si usted va a contar la historia, tenga cuidado. Cuando empiece a contarla, no va tener salvación. (SE: 91)

> Si va a contar esa historia, debería tener cuidado. Apenas empiece a contarla, usted tampoco no tendría salvación. (SE: 70)

Dass er sich selbst nach kurzer Zeit dazu gedrängt fühlt, etwas über Evita zu schreiben („Si no la escribo, voy a asfixiarme" (SE: 374)), signalisiert aber, dass sich sein Verhältnis zu ihr verändert. Evita begegnet ihm fortan überall: „[Cuando] menos lo espero, canta Evita. La oigo salir de la garganta raspada de la rapada Sinead O'Connor" (SE: 246). Daher stellt er sich bald die Frage: „¿Yo busco a Evita o Evita me busca a mí?" (ebd.). Seine Forschungen über Evita haben immer größere Auswirkungen auf sein Privatleben, sogar nachts begegnet sie ihm im Traum: „Si lograba dormir, escribía en sueños pentagramas en blanco cuyo único signo era la cara de Evita en el lugar de las claves" (SE: 90).

Selbst die Natur scheint sich gegen ihn verschworen zu haben. Schlechtes Wetter hindert ihn daran, sein Haus in New Jersey zu verlassen, sodass ihm nichts anderes übrig bleibt, als weiterzuschreiben:

> Cada vez que intentaba salir de viaje a cualquier parte caían nevadas feroces que obligaban a cerrar los aeropuertos y las rutas principales. En la obstinación del encierro, empecé a escribir de nuevo. (SE: 90)

Während dieser Recherche stirbt auch Martínez' Mutter. Selbst dieses Ereignis bringt Martínez nicht dazu, seinen Schreibprozess zu unterbrechen, da alle Familienmitglieder in Argentinien seine Telefonnummer verloren haben und ihn erst nach der Beerdigung erreichen. Für seine Familie sieht es so aus, „como si [estuviera] dentro del cerco de un maleficio" (SE: 90). Es scheint Martínez somit vom Schicksal auferlegt zu sein, einen Roman über Evita zu schreiben, denn zur selben Zeit erreichen ihn problemlos Briefe von Raimundo Masa (s. SE: 88), ohne dass Martínez sich erklären kann, wie dieser an seine Adresse in New Jersey kommt.

Martínez kann somit gar nicht anders, als ein Buch über Evita zu schreiben. Ihm geht es ähnlich wie Moori Koenig, dessen Untergebenem Arancibia oder dem Einsalsamierer Ara, wie Martínez allesamt Vertreter der Oberschicht bzw. des Militärs, die Evita ablehnend gegenüberstanden (vgl. dazu Perkowska-Álvarez 2008: 311). Anfängliche Gleichgültigkeit wandelt sich in Faszination. Dass auch Martínez in Evitas Bann gezogen wird, ist äußert ironisch angesichts der Tatsache, dass der permanent bemüht ist, den Mythos Evita zu dekonstruieren.

Durch seine Recherchen arbeitet Martínez nicht nur Evitas, sondern auch sein eigenes Leben auf. Bei einem Treffen mit seinem alten Freund Emilio Kaufmann denkt Martínez mehr über eine frühere Liaison mit dessen Tochter Irene als über Evita nach: „Quería desahogarme de la historia, así como treinta años antes había desahogado mis desdichas sobre el regazo de Irene" (SE: 293). Als Kaufmann ihm zu verstehen gibt: „Ahora podemos hablar de Evita" (SE: 294), versteht Martínez direkt, dass damit Irene gemeint ist, sodass er an diesem Abend nicht nur Auskunft über Evita, sondern auch über das Schicksal der bereits verstorbenen Irene erhält.

Es ist nicht verwunderlich, dass Martínez sich aufgrund all dieser Umstände und Überkreuzungen plötzlich derart in den Fall Evita involviert fühlt, dass auch seine Psyche darunter leidet, dass er es nicht schafft, sich Evita zu nähern:

> A fines de junio de 1989, vencido por una ráfaga de depresión, me acosté decidido a no moverme de la cama hasta que la tristeza se retirara sola. Estuve así mucho tiempo. (SE: 467)

Seine Depressionen wirken sich auch auf seine Gesundheit aus. Martínez leidet unter Schlafstörungen und Schwindelgefühlen, Ärzte diagnostizieren ihm „un cuadro severo de hipertensión" (SE: 90). Keines der verschriebenen Medikamente schafft Abhilfe, sodass sich Martínez erst besser fühlt nachdem er seinen Roman beendet hat (s. Ebd.).

Diese vielfältigen Bezüge zwischen Martínez' Tätigkeit als Forscher und seinem eigenen Leben machen deutlich, dass es sich bei ihm keinesfalls um eine neutrale und distanzierte Person handelt. Da er im Forschungszeitraum sehr von seinem Privatleben in Anspruch genommen wird, ist anzunehmen, dass diese Ereignisse auch seine Darstellung Evitas beeinflussen. Im Gegensatz zum Erzähler eines traditionellen Romans ist er nicht nur Vermittler und Kommentator eines historischen Ereignisses, sondern interpretiert dieses aus der Gegenwart und seiner Lebenswelt heraus. Die Befangenheit des Erzählers/Forschers Martínez hat Methode:

> Die Betonung der persönlichen Sichtweise richtet zugleich den Blick auf die Bedeutung der Subjektivität als ein unumgänglicher Bestandteil jeder Wirklichkeitsdeutung und -wahrnehmung, deren Kenntlichmachung eine notwendige Voraussetzung ist, um eine Aussage zu objektivieren. (Stang 1992: 276)

So geht es ihm am Ende ähnlich wie allen andere Protagonisten der Romans: Jeder schreibt seine eigene Version der Geschichte Evitas.

### 4.4.6 Metafiktion und Offenlegung des Konstruktcharakters des Romans

Reflexionen über die Historiographie sind für sämtliche Definitionen des Neuen Historischen Romans sind ein wichtiges Kriterium, da gerade auf dieser Metaebene die traditionelle Geschichtsschreibung in Frage gestellt wird. Zum einen kann dies durch die Offenlegung des Schreibprozesses geschehen, wodurch deutlich wird, dass es sich um eine konstruierte Version eines Ereignisses handelt, oder aber durch Reflexionen über die Historiographie im Allgemeinen. Zu beiden Punkten finden sich in *Santa Evita* viele Beispiele, deren Ausgangspunkt wiederum die Erzählerfigur Martínez ist.

Martínez erwähnt in der Rahmenhandlung immer wieder, wie er dazu kam, *Santa Evita* zu schreiben. Auch wenn die Rekonstruktion dieser Entwicklung durch die fehlende Chronologie der Rahmenhandlung mühsam ist, wird deutlich, dass eine komplexe

Kette von Ereignissen im Leben des Erzählers-Journalisten Martínez dazu geführt hat, dass er sich mit der Geschichte Evitas beschäftigt hat.

Auch wenn er sich erst in den 90er Jahren dazu entschließt, einen Roman über Evita zu schreiben, sieht Martínez nachträglich das Jahr 1958, in dem er Evitas Frisör kennenlernte, als Geburtsjahr des Romans: „Creo que aquellos momentos nació, si que yo lo supiera, esta novela" (SE: 99). Ein wichtiges Ereignis ist für ihn ein Gespräch mit Rodolfo Walsh 1968 in Paris, der ihn in die Geschichte Moori Koenigs einweiht (s. SE: 366). Daraufhin reist Martínez nach Bonn und begibt sich auf Spurensuche. In diesem Moment scheitert er allerdings daran, dass er die Hinweise nicht richtig kombinieren kann: „No logabra encajar un fragmento con otro" (SE: 371).

Jahre später schreibt Martínez den Roman *La Novela de Perón*, in dem er sich zwangsläufig auch mit Evita beschäftigt und die Kopien des Leichnams erwähnt (s. SE: 472). Ein ominöser Anruf im Jahr 1989 markiert den Beginn des konkreten Entstehungsprozesses des Romans. Martínez erwähnt diesen Anruf bereits zu Anfang des Romans (s. SE: 77), verrät aber erst im letzten Kapitel, worum es in diesem Telefonat und einem nachfolgenden Treffen ging. Drei Militärs berichten Martínez, dass es keine Kopien von Evita gegeben habe und ihr Leichnam in Mailand begraben worden sei (s. SE: 472). Martínez weigert sich, die Version der Militärs zu glauben („No quería repetir la historia que me habían contado" (SE: 473)) und beginnt, alle verfügbaren Informationen und Dokumente über Evita zu sammeln.

Martínez ist sich lange unsicher, in welcher Form er über Evita schreiben sollte. Während seiner Recherchen stößt er auf viele Widersprüche und kontroverse Meinungen, die es ihm unmöglich machen, eine Biographie Evitas zu schreiben (s. SE: 74). Er weigert sich, diese Widersprüche aufzulösen: „Pero ahí los dejé, saliéndose de la historia, porque yo amo los espacios inexplicados" (SE: 473). Auch Martínez erkennt, dass der Versuch, eine einzige kohärente Geschichte über Evita zu rekonstruieren, nur scheitern kann und gibt zu, dass eigentlich „un fracaso […] dio origen a este libro" (SE: 75):

> Al principio yo pensaba: cuando junto todos los pedacitos de lo que una vez transcribí, cuando me resuciten los monólogos del peluquero, tendré la historia. La tuve, pero era letra muerta. […] En esa parva inútil de documentos, Evita nunca era Evita. (SE: 114-115)

Die Idee zum Aufbau seines Romans gibt ihm schließlich ein Schmetterling, der regelmäßig in seinen Träumen auftaucht. Das flatternde, nicht fassbare Tier besitzt Flügel, die sich in verschiedene Richtungen bewegen (s. SE 92) und wird zur Metapher des Aufbaus des gesamten Romans. Der bis dato ‚in der Luft hängende' Erzähler Martínez beschließt:

> No iba a contar a Evita como maleficio ni como mito. Iba a contarla tal como la había soñado: como una mariposa que batía hacia delante las alas de su muerte mientras las de su vida volaban hacia atrás. La mariposa estaba suspendida siempre en el mismo

punto del aire y por eso yo tampoco me movía. Hasta que descubrí el truco. No había que preguntarse cómo uno vuela o para qué vuela, sino ponerse simplemente a volar. (SE: 92)

‚Fliegen' bedeutet in diesem Fall für ihn, dass er einfach beginnt, die Geschichte zu schreiben, ohne zu wissen, wo sie ihn hinführt:

> ¿Santa Evita iba a ser una novela? No lo sabía y tampoco me importaba. Se me escurrían las tramas, las fijezas de los puntos de vista, las leyes del espacio y de los tiempos. (SE: 76).

Die ständigen Erklärungen zur Entstehung des Romans betonen, dass es sich nicht um „hechos narrados que ‚se cuentan por sí mismos'" (Viu Bottini 2007: 52), sondern um ein Konstrukt handelt. Martínez wiederholt, dass es sich bei *Santa Evita* um einen Roman handelt, wenn auch „poblada por personajes reales" (SE: 66), in dem "[los] autores construyen a la noche los mismos mitos que han destruido por la mañana." (SE: 471). Diese Aussage steht deutlich im Gegensatz zu der Rolle des zuverlässigen Wissenschaftlers, der Martínez vorgibt zu sein. Er schafft neue Mythen, anstatt diese durch seine wissenschaftliche Arbeit zu hinterfragen.

Mit seinen Kommentaren bringt Martínez ein postmodernes Verständnis der Historiographie zum Ausdruck. Er legt offen, wie er Santa Evita konstruiert hat und verdeutlicht dadurch, dass es nicht möglich ist, ein historisches Ereignis in einem Roman ‚wiederauferstehen zu lassen':

> Todo relato es, por definición, infiel. La realidad como ya dije no puede contar ni repetir. Lo único que se puede hacer con la realidad es inventarla de nuevo. (SE: 114)
>
> La realidad no se rescuita: nace de otro modo, se transfigura, se reinventa a sí misma en las novelas. (SE: 101)

Ausgehend von der Prämisse, dass es unmöglich ist, die Realität in einem Roman zu rekonstruieren, ist für ihn auch der Gebrauch fiktiver Elemente legitim. Dadurch ergibt sich für Martínez, dass es keinen qualitativen Unterschied zwischen Historiographie und Literatur gibt:

> Si la historia es – como parece – otro de los géneros literarios, ¿por qué privarla de la imaginación, es desatino, la indelicadeza, la exageración y la derrota que son la materia prima sin la cual no se concibe la literatura? (SE: 175)

Martínez ist der offiziellen Geschichtsschreibung gegenüber skeptisch, was sich auch bei ihm teilweise mit einem Vertrauensverlust in die Regierung durch die Diktaturzeit erklären lässt: Er weigert sich, die Geschichte des Militärs zu glauben: „No quería repetir la historia que me habían contado. Yo no era uno de ellos" (SE: 473).

Dass diese ‚offizielle Geschichte' ein Konstrukt ist, dass nicht der historischen Wahrheit entspricht, zeigt Martínez, indem er immer wieder deutlich macht, dass es zu jedem historischen Ereignis verschiedene Stimmen mit widersprüchlichen Aussagen gibt. Er berichtet beispielsweise detailliert im narrativen Modus von einem Treffen zwischen Ara und Anhängern Evitas (s. SE: 196-204), stellt aber selbst heraus, dass es sich dabei nicht um eine wahre Rekonstruktion des Ereignisses handelt:

> Esta historia ha sido contada muchas veces, y nunca de una sola manera. En algunas versiones, el embalsador llega con la bata puesta a los refugios del puerto y se la quita al bajar del auto; en otras, los caminos de ejército atacan y el hombre de las muletas muere. [...] En la primera de las versiones, la concentración es un deseo, no un hecho, [...] Nada se parece a nada, nada es nunca una sola historia sino una red que cada persona teje, sin entender el dibujo. (SE: 205)

In jeder subjektiven Version eines historischen Ereignisses steckt also ein Stück der objektiven Wahrheit, die aber nie in ihrer Gesamtheit erschlossen werden kann.

Selbst eine Autobiographie wie Evitas *La razón de mi vida* entspricht nicht der historischen Wahrheit. Martínez zeigt, dass es sich dabei ebenfalls um ein Konstrukt handelt (SE: 223), indem er nachweist, dass der Schreiber dieser Biographie Evita Worte in den Mund gelegt hat: „El redactor de esas memorias, Manuel Penella de Silva, prefirió atribuirle una declaración de amor más simple y mucho más larga" (SE: 233).

In seinen Kommentaren erläutert Martínez auch, durch welche Faktoren sich Quellen und Zeitzeugen von der historischen Wirklichkeit entfernen. Zum einen werden Aussagen von Zeitzeugen immer durch den zeitlichen Abstand und die weitere Entwicklung verklärt; die Erinnerungen an die junge Evita werden beispielsweise vor dem Hintergrund ihres späteren Erfolgs anders interpretiert. Dies fällt Martínez beim Interview mit Mario Cariño auf: „No sé cuánto de la imagen que él me transmitió está teñida por la Evita que frecuentó después [...] La memoria es propensa a la traición" (SE: 378). Martínez macht außerdem deutlich, dass Zeitzeugen immer auch sich selbst in die Rekonstruktion eines Ereignisses mit einbringen. Ein gutes Beispiel hierfür ist Ara, der mit der Einbalsamierung Evitas und seinem Werk *El caso Eva Perón* vor allem sich selbst in die Geschichte einschreiben möchte und der kein Interesse daran hat, objektiv über seine Erfahrungen mit Evita zu berichten:

> El arte del embalsamador se parece al del biógrafo: los dos tratan de inmovilizar una vida o un cuerpo en la pose con que debe recordarlos la eternidad. [...] el biógrafo es a la vez el embalsamador y la biografía es también una autobiografía de su arte funerario. Eso se ve en cada línea del texto: Ara reconstruye el cuerpo de Evita sólo para poder narrar cómo lo ha hecho. (SE: 189)

Das Phänomen der subjektiven Färbung wird dadurch verstärkt, dass viele seiner Zeugen ihre Informationen ebenfalls nur aus zweiter Hand haben. Er stellt zudem fest, dass er sich vom Original entfernt, wenn er versucht, den Inhalt eines Interviews mit eigenen Worten nachzuerzählen und im narrativen Modus wiederzugeben. Bei der Transkription der Interviews mit Alcaraz stellt er beispielsweise fest, dass der Inhalt ohne Alcaraz' Idiolekt nicht derselbe ist:

> Tenía la impresión de que, a pasar su voz por el filtro de mi voz, se perderían para siempre la parsimonia de su tono y la sintaxis espasmódica de sus frases. Ésa, pensaba, es la desgracia del lenguaje escrito. Puede resucitar los sentimientos, el tiempo perdido, los azares que enlazan un hecho con tono, pero no puede rescucitar la realidad. (SE: 101)

Julios Aussagen verlieren durch die Reproduktion an Reichtum, übrig bleiben nur „palabras sueltas, esqueletos de una lengua muerta que ya no significan nada" (SE: 100). Dasselbe passiert ihm bei der Umformung des Gesprächs mit Evitas Mutter Doña Juana: „Sin la voz de la madre, sin sus pausas, sin su manera de mirar la historia, las palabras ya no significaban nada" (SE: 444).

Bedenkt man also, dass es sich bei Martínez' Zeitzeugenberichten um (häufig mehrfach) retrospektiv und subjektiv interpretierte Aussagen handelt, die darüber hinaus teilweise noch von Martínez in einen Erzähltext umgewandelt werden. Dadurch unterscheiden sich diese in ihrem Wahrheitsgehalt kaum noch von fiktiven Elementen. Auch Martínez selbst gibt zu, dass

> [las] fuentes sobre las que se basa esta novela son de confianza dudosa, pero sólo en el sentido en que también lo son la realidad y el lenguaje: se han infiltrado en ellas deslices de la memoria y verdades impuras. (SE: 171)

Das Bild, dass heute von Evita im Gedächtnis geblieben ist (oder besser gesagt: die Bilder), entspricht somit nicht der historischen Wahrheit. Es ist ein Produkt der Imagination von Zeitgenossen, sodass man allgemein sagen kann, dass Evita „[dejó] de ser lo que dijo y lo que hizo para ser lo que dicen que dijo y lo que dicen que hizo" (SE: 24).

### 4.5 Ergebnis

Die Analyse zeigt, dass *Santa Evita* von einer Fülle von Widersprüchen geprägt ist. Diese fallen schon bei der unterschiedlichen Situiertheit der Erzählerfigur Martínez in der historischen Ebene und der Forschungsebene auf: Martínez hat auf der historischen Ebene als heterodiegetischer Erzähler mit innerer Fokalisierung Zugang zu den Gedanken der Protagonisten und besitzt damit ein Wissen, dass er als homodiegetischer Erzähler der Forschungsebene mit externer Fokalisierung nicht haben kann. Diese Diskrepanz wird in *Santa Evita* durch die Offenlegung des Forschungs- und Entstehungsprozesses des Romans sichtbar, existiert aber im Grunde in jedem historischen Roman, in dem ein Autor mit nur beschränktem Wissen über die Vergangenheit einen Erzähler mit Nullfokalisierung oder interner Fokalisierung einsetzt. Die Korrektheit der historischen Ebene wird nicht durch die Forschungsebene abgesichert.

Auf der Forschungsebene stellt Martínez eine Vielzahl von subjektiven Meinungen über Evita nebeneinander, um sich dadurch bestmöglich der Objektivität und der historischen Wahrheit anzunähern, verliert dabei aber selbst die Orientierung. Dadurch zeigt er, dass es für eine Meinungsbildung unerlässlich ist, eine bestimmte Position einzunehmen. Sein Vorhaben, den Mythos Evita durch diese multiperspektivische Darstellung und das Aufdecken der historischen Fakten zu dekonstruieren, scheitert. Zum einen gibt es weiterhin Lücken in der Rekonstruktion der Geschichte Evitas bzw.

ihres Leichnams und auch die Version, die Martínez auf der historischen Ebene anbietet, bleibt zweifelhaft. Zum anderen wird in dem Roman deutlich, dass der Mythos Evita nicht nur die Summe der Einzelgeschichten über Evita ist, sondern sich vor allem auf einer emotionalen Ebene konstituiert und somit einer wissenschaftlich-rationalen Dekonstruktion entzieht. Dementsprechend wächst auch Martínez' Bewunderung für Evita im Laufe des Romans.

Martínez versucht mit allen Mitteln, sich selbst als objektiven und zuverlässigen Wissenschaftler darzustellen, um die Authentizität der historischen Ebenen zu unterstreichen. Durch die vielen Informationen über sein Privatleben, entlarvt Martínez allerdings, wie involviert er selbst in diesen Forschungsprozess ist. Auch seine Meinung über Evita ist – wie die aller anderen Zeitzeugen auch – von seiner eigenen Lebenswelt geprägt.

## 5 No me alcanzará la vida

### 5.1 Über Autor und Inhalt des Werkes

*No me alcanzará la vida* wurde 2008 von der Mexikanerin Celia del Palacio veröffentlicht. Das im Vergleich zu *Santa Evita* weniger bekannte Werk ist der erste Roman der Historikerin del Palacio und wurde bislang nicht in wissenschaftlichen Arbeiten behandelt. Der Roman spielt zur Zeit der mexikanischen *Reforma* in Guadalajara. Del Palacio beschäftigt sich seit über 20 Jahren mit der ersten Generation romantischer Dichter in Guadalajara und ist somit mit dieser Epoche besonders vertraut. 2010 erschien del Palacios zweiter Roman, *Leona*, der die Rolle der vergessenen Heldin Leona Vicario im mexikanischen Unabhängigkeitskampf beleuchtet. Als Historikerin beschäftigt sich del Palacio vor allem mit der Geschichte der mexikanischen Presse im 19. Jahrhundert und hat schon zahlreiche Monographien zu diesem Thema veröffentlicht.[6]

Mit dem Roman *No me alcanzará la vida* ruft del Palacio die Epoche der *Reforma* wieder ins Gedächtnis: Mit der Trennung von Staat und Kirche wurde Mexiko 1859 zum ersten säkularen Staat Lateinamerikas. Dass dieser Reform ein langer und entbehrungsreicher Krieg vorausging, ist vielen Mexikanern heute nicht mehr bewusst, daher möchte del Palacio „recordar por qué murieron estos jóvenes y qué defendían, así como la importancia de la separación Iglesia-Estado" (Palapa Quijas 2008).

In einem größeren Kontext reiht sich *No me alcanzará la vida* damit in eine Reihe von Romanen wie Fernando del Pasos *Noticias del imperio* ein, in denen „la problemática de las fundaciones y los orígenes de los estados nacionales ocupan un lugar central:

---

[6] Sämtliche Informationen über die Autorin stammen von ihrer Homepage http://celiadelpalacio.blogspot.de/p/literatura.html, zuletzt abgerufen am 10.06.2013.

de distintas maneras, estos textos examinan las encrucijadas de la mordernidad y los avatares del deseo utópico en la América Latina del siglo pasado" (Elmore 1997: 15).

Im Mittelpunkt des Romans steht eine historische Person, der Dichter Miguel de Cruz-Aedo, der zwischen 1849 und 1859 auf Seite der Liberalen für die Trennung von Staat und Kirche kämpft. Er verliebt sich in die junge Witwe Sofia Trujillo de Porras, ist aber aufgrund der politischen Situation gezwungen, immer wieder in den Krieg zu ziehen. Da Cruz-Aedo vor Ende des Konflikts ermordet wird, spielt er für den weiteren Verlauf der Geschichte keine Rolle mehr und findet in den Geschichtsbüchern keine Erwähnung.

Cruz-Aedos Geschichte wird nun 150 Jahre später von einer jungen Historikern rekonstruiert, die in der Rahmenhandlung von *No me alcanzará la vida* in Briefen an ihren Bruder von ihrer Forschung und ihrem Privatleben erzählt. Die Briefe unterschreibt sie nur mit ihrem Anfangsbuchstaben „S.". Ähnlich wie in *Santa Evita* übernimmt die Historikerin S. auch die Erzählerrolle der Binnenhandlung, in der sie auf Basis ihrer Forschungen die Ereignisse zwischen 1849 und 1859 und das Leben Cruz-Aedos rekonstruiert. Durch diese Doppelung erhält der Leser Einblick in die Prozesse, die hinter der Konstruktion der historischen Ebene stehen.

Abgesehen von del Palacios Werken gibt es kaum Veröffentlichungen über Cruz-Aedo, sodass nur schwer zu beurteilen ist, ob und inwieweit die Interpretation der Figur Cruz-Aedos den historischen Fakten entspricht. Im Fokus der Analyse steht somit auch in *No me alcanzará la vida* nicht die Frage nach dem Wahrheitsgehalt der Darstellung, sondern die besondere Konstruktion des Romans, da sich eine ähnlich interessante Konstellation wie in *Santa Evita* ergibt: Auch hier werden verschiedene Zeitstränge durch eine Erzählerfigur verknüpft, die in einer aktuellen Ebene über ein historisches Ereignis forscht, um dies auf der historischen Ebene zu rekonstruieren.

5.2  Handelt es sich bei *No me alcanzará la vida* um einen historischen Roman?

Da in *No me alcanzará la vida* eine Lebensgeschichte vor dem Hintergrund der mexikanischen *Reforma* rekonstruiert wird, handelt es sich zweifelsohne um einen historischen Roman. Ob sich das Werk allerdings auch als Neuer Historischer Roman einordnen lässt, ist durchaus kontrovers.

Die auf der historischen Ebene spielenden Kapitel bilden für sich genommen bereits einen vollständigen historischen Roman, der das Ziel verfolgt, die wahre Geschichte Cruz-Aedos nachzuerzählen. In Kombination mit der aktuellen Ebene ändert sich jedoch die Bedeutung des Romans. Die Briefe der Erzählerin geben Raum für die Offenlegung subjektiver Einflüsse bei der Rekonstruktion und Interpretation des historischen Ereignisses sowie für metahistorische Überlegungen. Da der Roman durch diese Briefe aber zur Hälfte in der Gegenwart angesiedelt ist, ist auch bei *No me alcanzará la vida* fraglich, ob er Mentons Kriterien entspräche, da er Romane mit zu starkem Gegenwartsbezug aus seinem Korpus ausschließt (s. Menton 1993: 34). Die anderen von Menton genannten Merkmale treffen zum Teil zu. Die Erzählerfigur thematisiert in der aktuellen Ebene geschichtsphilosophische Ideen, die historischen Figuren werden durch ihre Interpretation fiktionalisiert. Auf historischer Ebene werden Quellen wie Zeitungsausschnitte und Gedichte in die Handlung integriert, sodass sich diverse explizite intertextuelle Bezüge finden lassen.

Im Allgemeinen entspricht *No me alcanzará la vida* aber den Zielen eines Neuen Historischen Romans, da mit Cruz-Aedo eine historische Person im Fokus des Romans steht, die nicht Teil der offiziellen Geschichtsschreibung ist und der Roman somit der Forderung nach einer revisionistischen Darstellung der Geschichte Rechnung trägt. Da in der aktuellen Ebene dargestellt wird, wie ein historisches Ereignis von der Gegenwart aus mit einer bestimmten Intention rekonstruiert wird, entspricht der Roman Hutcheons Definition der Historiographischen Metafiktion, in der „contructing, ordering, and selecting processes [...] shown to be historically determined acts" (s. Hutcheon 1988: 92) offengelegt werden.

### 5.3 Aufbau und Erzählerfigur

Der Roman oszilliert zwischen der historischen und der aktuellen Ebene, die kapitelweise voneinander getrennt sind und für sich genommen jeweils eine kohärente und chronologische Einheit bilden. Der Roman enthält 21 Kapitel zur historischen Ebene, die wesentlich umfangreicher sind als die 17 Briefe, aus denen die Kapitel auf der aktuellen Ebene bestehen.

Die historischen Kapitel beginnen jeweils mit einer Kopfzeile, in denen genaue Angaben gemacht werden, wann und wo das Geschehen dieses Kapitels stattgefunden hat. Durch das historische Geschehen führt ein heterodiegetischer Erzähler, der retrospektiv die Geschichte erzählt. Die Erzählerfigur selbst bleibt im Hintergrund und gibt keine wertenden Kommentare über das Geschehen ab. Es handelt sich um einen Erzähler mit wechselnder interner Fokalisierung, der das Geschehen aus der Sicht verschiedener Protagonisten schildert: Er berichtet häufig aus Sofias oder Miguels Perspektive, gelegentlich kommen aber auch andere Protagonisten wie zum Beispiel Miguels Cousine (s. No me: 140f.), seine Eltern (s. No me: 151f.) oder der Gobernador Gonzalez Ortega (s. No me: 409f.) zu Wort. Der Erzähler besitzt Zugang zu ihren Gedanken und Gefühlen, die er entweder als direkte Rede („,Ya es junio', pensó." (No me: 11)), als indirekte Rede oder resümierend wiedergibt („Sin embargo esta vez era distinto porque en su corazón no sentía nada" (No me: 14)). Der Leser erhält somit keine Informationen, die über das Blickfeld und die Wahrnehmung der jeweiligen Person hinausgehen. Als Cruz-Aedo beispielsweise in den Krieg zieht, lässt sich nur aus Briefen, die er Sofia schreibt, entnehmen, wie es ihm ergeht. Die Handlung wird vor allem durch Zusammenfassungen des Erzählers, aber auch durch Dialoge vorangetrieben. Dadurch wechselt das Erzähltempo des Romans auf der historischen Ebene zwischen einem zeitdeckendem und einem zeitraffendem Tempo. Durch die multiple Fokalisierung entsteht der Eindruck, dass es sich um einen Erzähler mit Nullfokalisierung handeln könnte. Interessanterweise nimmt aber der Erzähler zum Ende der historischen Handlung wieder die Perspektive eines neutralen Erzählers mit externer Fokalisierung ein, der nicht weiß, was nach dem Tod Cruz-Aedos mit Sofia passiert ist (s. No me: 485).

Die aktuelle Ebene besteht ausschließlich aus Briefen, die die Autorin S. an ihren Bruder Manuel schreibt. Aus dem Inhalt der Briefe wird klar, dass sie auch Antworten von Manuel erhält bzw. beide telefonischen Kontakt haben (s. No me: 309). Bei S. handelt es sich somit um eine homodiegetische Erzählerfigur, die ebenfalls auf ihre eigene Wahrnehmung beschränkt ist. Wie in *Santa Evita* ist auch in *No me alcanzará la vida* davon auszugehen, dass es sich bei der Schreiberin und Erzählerin der aktuellen Ebene um die Erzählerin der historischen Ebene handelt, die die Ergebnisse ihrer Forschungen in Form eines historischen Romans verarbeitet.

Der Historikerin S. kommt dadurch eine wichtige Rolle bei der Rekonstruktion des Lebens Cruz-Aedos zu. Auch wenn sie noch so viele Daten über ihn in Archiven sammelt und als Historikerin versucht, möglichst objektiv und wahrheitsgetreu zu schreiben, ist sie diejenige, die die historischen Fakten zu einem kohärenten Geschehen ordnet und interpretiert. Des Weiteren enthält die historische Ebene offensichtlich fiktive Elemente, da sie eigentlich weder Dialoge rekonstruieren kann noch Einblick in die Gedanken einer historischen Person besitzt. Durch diese Art der Verknüpfung zweier Epochen in dem Roman rückt auch hier die Frage in den Vordergrund, welche Einflüsse die Rekonstruktion des historischen Ereignisses prägen.

5.4   Analyse der Erzählerfigur

5.4.1 Wissenschaftliches Arbeiten

Aus den Briefen lassen sich zahlreiche Informationen über S.s Arbeit als Historikerin entnehmen. Sie ist Mexikanerin und kommt nach einem langen Aufenthalt in Paris zurück nach Guadalajara um „escribir la historia de una de las primeras sociedades literarias del siglo IX para [su] tesis de doctorado" (No me: 24). Mit dieser Doktorarbeit verfolgt sie nicht nur das Ziel, „[de] dejar bien claro cuán importante fue esta primera sociedad literaria para la apertura de la opinión pública literaria y luego política", sondern vor allem, „que se comprendiera el papel central que Cruz-Aedo jugó en ese proceso" (No me: 259).

Auch gibt S. detailliert Auskunft über ihr wissenschaftliches Arbeiten. Sie nennt beispielsweise die Namen der Archive, in denen sie arbeitet (Archivo de Instrumentos Públicos; Archivo histórico del Estado (No me: 48)), und erläutert den zeitlichen Kontext, in dem ihre Arbeit angesiedelt ist: „En 1852, el país empezaba a superar una larga crisis económica y moral después de haber perdido la mitad del territorio nacional tras la guerra de Texas" (No me: 52, vgl. dazu auch Kapitel 18: 235-239). Sie berichtet zudem, welche Unterlagen sie besitzt („el acta constitutiva de La Falange de Estudio" (No me: 50)) und welche Reisen sie unternimmt, um nach weiteren Unterlagen über Cruz-Aedo zu suchen (s. No me: 352, 380, 259).)
S. zitiert in einem Brief einen Text, den sie zu Beginn ihrer Forschungen über Cruz-Aedo geschrieben hat:

> Miguel Cruz-Aedo pertenece al género híbrido que oscila entre el peronsaje histórico y la vida imaginaria schwobiana [...] Cruz-Aedo se queda en leyenda, héroe empolvado cuyo nombre no alcanza las clases de historia ni las sagas militares. (No me: 51)

Dieser Text lässt vermuten, dass sie ihre Forschungen über Cruz-Aedo mit einem wissenschaftlich Interesse und einem neutralen Blick verfolgt. Auch wenn S. bei ihrer Forschung auf einige Probleme stößt, kommt sie mit ihrer Arbeit gut voran: „[Estoy] en la parte final del trabajo, aunque todavía me falta averiguar muchos detalles" (No me: 377). Direkte Auszüge aus ihrer Doktorarbeit tauchen zwar in S.s Briefen nicht auf, aber nach dem, was sie über ihre Forschungen berichtet, wirkt sie auf den ersten Blick wie eine professionell arbeitende Historikerin, die die Epoche Cruz-Aedos mit der gebührenden Distanz beleuchtet.

Ihre penible Arbeitsweise spiegelt sich auch in der historischen Ebene wider. Wie in 5.3 schon erwähnt, wird die historische Ebene immer von genauen Angaben zu Ort und Zeitpunkt des Geschehens begleitet:

> Hacienda de Navacoyán, Durango: 10. Novmebre 1859 (No me: 399).

Auch wenn es durch den Fokus auf Cruz-Aedo und Sofia primär um eine intrahistorische Sicht der Geschichte geht, wird der größere politische Kontext der Handlung immer wieder thematisiert. Dies geschieht beispielsweise durch Diskussionen mit verschiedenen Protagonisten (vgl. zum Bespiel No me: 85-89) oder durch zusammenfassende Berichte in Briefen (vgl. Kapitel 11 und 15): Auf diese Weise lassen sich die weiteren Ereignisse des komplexen und unübersichtlichen Konflikts ausschnittsweise darstellen, ohne zu einer reinen Aufzählung historischer Daten zu werden.

### 5.4.2 Quellen

Auch in *No me alcanzará la vida* spielen Quellen auf der historischen Ebene eine wichtige Rolle. Erwähnt werden beispielsweise Zeitungen, an denen Cruz-Aedo mitgearbeitet hat, wie *El Ensayo Literarario* (No me: 83) oder *La Revolución* (No me:

219), und Werke von Cruz-Aedos Freunden wie Pablo Jesús Villaseñors *La Aurora Poética de Jalisco. Colección de poesías líricas de jóvenes jaliscienses, dedicada al bello sexo de Guadalajara* (No me: 41). Während es sich bei diesen Dokumenten nachweisbar um reale Quellen handelt, bleibt die Authentizität anderer zitierter Dokumente unklar. S. integriert beispielsweise verschiedene Briefe von Cruz-Aedo oder Sofia in die Handlung. Da sie teilweise nur in Auszügen präsentiert werden, mit genauer Orts- und Datumsangabe versehen sind und sich auch rein äußerlich vom Textbild abheben, erwecken die Briefe den Eindruck, als wären sie authentische Quellen. Es werden auch immer wieder Ausschnitte aus Gedichten zitiert, die aus der Feder Cruz-Aedos stammen könnten:

> El mar sólo existe en tu memoria
> Voltea hacia todas partes.
> ¿Hay mar aquí? (No me: 57)

Da sich diese Dokumente bestenfalls in den erwähnten Archiven befinden, ist nur schwer nachzuweisen, ob es sich um authentische Dokumente handelt oder ob diese Briefe und Verse fiktive Elemente sind, die von S. hinzugefügt wurden. Ähnliches passiert mit einer Rede Cruz-Aedos: Auf der historischen Ebene wird in Auszügen eine Rede zitiert, die er laut Text am 17. September 1855 hielt (s. No me: 221). Im folgenden Kapitel schreibt S. ihrem Bruder, dass sie „otro discurso en las polvorientas cajas del archivo, el que pronunció Cruz-Aedo en septiembre de 1855" gefunden habe (No me: 235). Es scheint sich um eben jene Rede zu handeln, die in die historische Handlung integriert wird. Nachweise dafür lassen sich in dem Roman allerdings nicht finden. Die Verwendung all dieser Quellen trägt dazu bei, dass die von S. rekonstruierte Geschichte Cruz-Aedos glaubwürdig und realistisch wirkt – da die Existenz dieser Quellen aber nicht verifizierbar ist, bleibt die Unsicherheit bestehen, ob es sich nicht um fiktive Elemente handelt, die zu einer falschen Authentifizierung der Geschichte beitragen sollen.

### 5.4.3 Einblicke in das Privatleben der Erzählerfigur

Die Professionalität und Ordnung, die S. bei ihrer Arbeit an den Tag legt, spiegelt sich im Privatleben der Historikerin nicht wider. Sie wirkt insgesamt sehr unglücklich und überfordert mit ihrem Leben. In Guadalajara fühlt sie sich einsam. Nachdem sie gerade „una decepción amorosa" in Paris hinter sich gelassen hat (No me: Klappentext), sind ihre einzigen sozialen Kontakte ihr Bruder in Paris und eine alte Freundin namens Godeleva in Guadalajara. Daher fragt sie sich schon bei ihrer Ankunft: „¿Cómo voy a sobrevivir sola otra vez en este lugar" (No me: 24). Sie lernt in Guadalajara zwar einige Leute kennen und beginnt eine halbherzige Affäre mit ihrem Arbeitskollegen Felipe, im Grunde lässt sie aber niemanden an sich heran:

> A veces creo que tengo miedo de asumir un compromiso. Los hombres se me acercan y no sé por qué no puedo responderles. (No me: 76)

Ihre Bindungsangst stört S. zwar, insgesamt sieht sie ihre Einsamkeit aber ambivalent. Als Godeleva sich von ihr distanziert, ist sie am Boden zerstört: „Sentí lo que es la soledad completa, infinita, redonda, ilimitada y absoluta" (No me: 277). Normalerweise ist sie aber froh, allein zu sein und in ihrer eigenen Welt zu leben:

> A pesar de que la soledad a veces es insoportable, sé que es la llave que abre las puertas ocultas detrás del amanecer y que llevan a otros mundos que nadie, nadie más que yo conoce. (No me: 262)

Dass S. sich selbst als „una mujer cabizbaja de maltratada melena" sieht (No me: 48), deutet schon an, dass sie kein besonders ausgeprägtes Selbstbewusstsein besitzt. Zudem neigt sie zu depressiven Phasen, in denen sie bei nächtlichen Spaziergängen plötzlich anfängt zu weinen (No me: 239). Sie lenkt sich meistens mit Alkohol ab: „Mejor beber que soportar el peso de la vida sin amor" (No me: 312). Es gibt kaum einen Brief, in dem sie nicht ausführlich von ihrem Alkoholkonsum berichtet (z.B. No me: 77, 105, 160, 212-213, 312, 327). Selbst um mit ihrer Arbeit voranzukommen, benötigt sie Alkohol: „Ni te digo cuántas copas de vino mediaron entre la idea original y las primeras líneas" (No me: 52).

Darüber hinaus beklagt sich S. über Orientierungslosigkeit und Zukunftsangst. Ihr fehlt ein Ziel im Leben und etwas, an das sie glauben kann („¡Cuánto me gustaría creer en algo! En el progreso, en dios, en algo" (No me: 281)). Sie hat Angst, dass ihr Leben auch in Zukunft so weitergehen wird (¡Cuánta incertidumbre, cuánta soledad parece estarnos esperando!" (No me: 76)), unternimmt aber auch keinen Versuch, etwas an sich zu ändern. Sie zieht es nicht mal in Erwägung, eine Beziehung mit Felipe zu beginnen. Selbst als er ihr eine Liebeserklärung macht, sagt sie dazu nur: „Sabes que no puede haber nada más entre nosotros, ¿verdad?" (No me: 326).

Aus ihren Briefen geht hervor, dass sich ihr Zustand und ihre Stimmung während ihres Aufenthalts in Guadalajara immer weiter verschlechtern. Eines Tages bricht sie zusammen und wird von einem Nachbarn ins Krankenhaus gebracht:

> Los médicos me dijeron que me había congestionado, que había sufrido una crisis. No había comido en varios días y se me habían pasado un poco las copas. Fue una tontería. (No me: 311)

S. wendet sich immer mehr von der Realität ab, es gibt nur einen Ort, an dem sie aufblüht: „Al llegar al archivo, entro en mi nube de polvo, y ahí me siento revivir" (No me: 50).

### 5.4.4 Darstellung und Interpretation der Figuren durch die Erzählerfigur

Angesichts des angeschlagenen Zustands, in dem S. sich befindet, ist die Frage, ob sie ihrer Arbeit als Historikerin neutral und distanziert begegnen kann, schon fast hinfällig.

Anstatt ihr eigenes Leben zu führen, geht sie nur in der Rekonstruktion des Lebens historischer Personen auf. Ihr gefällt es, „meterse de lleno en las vidas de los otros, de los muertos hace más de siglo y medio, y hacerlas [suyas]" (No me: 129). In ihrer eigenen Antriebslosigkeit und Zukunftsangst entwickelt sie eine Begeisterung für die Gesellschaft des 19. Jahrhunderts, „esos hombres apasionados del siglo XIX que quisieron cambiar su mundo a través de los discursos, que levantaron escándalos con palabras" (No me: 131). Dass diese Zeit nicht nur durch Wortgefechte, sondern vor allem durch Krieg und Zerstörung geprägt wurde, ignoriert sie weitgehend.

### 5.4.4.1 Miguel de Cruz-Aedo

S. entwickelt im Laufe ihrer Forschungen eine regelrechte Faszination für Cruz-Aedo: An ihrer Wand hängt ein Foto, auf dem Cruz-Aedo zu sehen ist (No me: 163), und ihrem Kollegen Felipe schenkt sie erst Beachtung, nachdem sie von Godeleva darauf hingewiesen wird, dass dieser Cruz-Aedo ähnlich sieht (s. No me: 78). Auch wenn Cruz-Aedo für andere wie „un hombre común y corriente que no pudo trascender su momento" erscheinen mag, hat er ihrer Meinung nach „una contribución fundamental" für die Geschichte geleistet (No me: 260).

Worin genau Cruz-Aedos „contribución fundamental" für die Geschichte bestehen soll, bleibt auf der historischen Ebene allerdings ebenso unklar wie die Gründe für S.s Begeisterung für ihn. In ihren Briefen schreibt S., dass sie von seinen Gedichten beeindruckt ist: „Los versos son muy malos, pero no puedo resistirme a ellos. Me atrapa la pasión con la que están escritos" (No me: 51). Seine Leidenschaft für die Poesie findet allerdings mit Kriegsbeginn ein frühes Ende. Cruz-Aedo hätte es gefallen, ein großer Schriftsteller zu werden und „seguir luchando desde la tribuna por el bienestar del país" (No me: 430), angesichts der politischen Lage kann er diesen Traum allerdings nicht in die Tat umsetzen. Als Sofia ihn nach Jahren des Kampfes an seine Pläne erinnert, entgegnet er nur „¿Cómo comprendes que voy a andar escribiendo versitos en medio de esta catástrofe?" (No me: 429).

Für die Rekonstruktion seiner Lebensgeschichte ist somit nicht sein literarisches Werk bestimmend, sondern der Reformkrieg, der die letzten 10 Jahre seines Lebens überschattet. Die historische Ebene wirft kein besonders positives Licht auf das Verhalten Cruz-Aedos in diesem Konflikt. Im Laufe des Krieges verrennt sich der junge liberale Cruz-Aedo, der nicht wie sein Vater als „uno de esos hombres que habían olvidado sus ideales a mitad del camino" (No me: 61) enden möchte, in die Idee, dass man Mexiko nur mit einer Trennung von Staat und Kirche in die Zukunft führen könne. Er verliert den Blick für das Leid und die Zerstörung, die der Krieg anrichtet. Er selbst wettert gegen die Intoleranz der Konservativen und der Kirche:

> ¿No es ese mismo [el partido conservador], el que abjurando el Evangelio, divino código del amor, ordena la intolerancia como máxima de la Divinidad? (No me: 223)

Dabei übersieht er aber, dass er genauso intolerant gegenüber Andersdenkenden ist. Er ist eine treibende Kraft, wenn es darum geht, zögernde Zeitgenossen zu überzeugen, in den Krieg zu ziehen: „La determinación de Cruz-Aedo influyó para que aquellos hombres por fin se decidieran" (No me: 299). Obwohl er selbst entscheidend dazu beiträgt, Liberale gegen Konservative aufzuhetzen und somit mitverantwortlich für den Krieg und das Leid ist, schiebt er die Schuld dafür allein den Konservativen zu:

> ¿Cuántos hombres habrán muerto ya en esta guerra? [...] ¡Qué vergüenza! A veces me gustaría poderme dejar llevar por la rabia y colgar a todos los asesinos de mis seres queridos. (No me: 315)

Selbstkritische Reflexionen sind Cruz-Aedo fremd. Auch als sich das Blatt gegen ihn wendet und die Bevölkerung aufgrund der langen Kampfes kriegsmüde wird, ist er immer noch überzeugt davon, für eine gute Sache zu kämpfen: „¡Todo sea en nombre del progreso, todo sea en nombre de la causa liberal! Mi ciudad nunca será la misma" (No me: 317). Im Grunde steht er selbst allerdings am Ende dem Fortschritt im Weg. Cruz-Aedo kann die Situation nicht mehr kontrollieren. Er wird zum *Gobernador* ernannt, kann sich aber nur mit Gewalt an der Macht halten (s. No me: 373). Trotzdem ist er davon überzeugt, dass nur er die zerstrittenen Parteien wieder vereinen kann (s. No me: 431). Es wirkt immer mehr so, als wäre er vor allem daran interessiert, in die Geschichte einzugehen: „Este es un momento clave de la historia, tengo que estar ahí" (No me: 244). Auch wenn Cruz-Aedo anfangs für seine Ideale kämpfte, verwandelt er sich im Laufe der Zeit in einen Tyrann. Es ist kaum verwunderlich, dass nach seinem Tod ein negatives Bild von ihm im Gedächtnis der Zeitgenossen bleibt, von denen „nadie [extraña] al orgulloso, al violento, al déspota, al intruso, al ultraliberal Cruz-Aedo, quien murió a los treinta y tres años" (No me: 484).

Das Bild, das sich somit in der Aufarbeitung historischer Dokumente von Cruz-Aedo ergibt, entspricht nicht dem des vergessenen Helden, der unter anderen Umständen der große Schriftsteller hätte werden können, den S. sucht. In einer Arbeit, die sich an den historischen Fakten und nicht an der Leidenschaft seiner hinterlassenen Gedichte orientiert, würde das Urteil über Cruz-Aedos Bedeutung für die mexikanische Geschichte nicht besonders positiv ausfallen. Auf der historischen Ebene wird seine Figur dagegen in ein ungleich besseres Licht gerückt, wofür vor allem die Sofia verantwortlich ist.

### 5.4.4.2 Darstellung der Figur Sofias

Die Figur Sofia leistet einen großen Beitrag zur Aufwertung Cruz-Aedos. Durch sie ist er immer hin- und hergerissen zwischen der Liebe zu ihr und seinem Pflichtgefühl, für die Liberalen zu kämpfen. Die große Leidenschaft, die S. in seinen Versen erkennt, leben Cruz-Aedo und Sofia in ihrer Beziehung aus. Dies kommt unter anderem in den Briefen zum Ausdruck, die er ihr aus dem Krieg schreibt:

> Yo tengo el alma dividida. Por un lado, la prisa, el presentimiento de que algo horrible se avecina y que no dejará que el tiempo termine de dar sus frutos, y por el otro, el sofoco, el ansia de verte, la certeza de que aunque no estás a mi lado, estás conmigo. Te respiro, te palpo en mi piel, te escucho un eco al fondo de mi voz. (No me: 135f)

Während Cruz-Aedo in den Krieg zieht, bleibt Sofia in Guadalajara und hofft darauf, dass er lebendig zurückkehrt. Auch sie bekommt die negativen Konsequenzen des Krieges zu spüren, stellt aber zu keiner Zeit seinen Kampf für den Fortschritt in Frage oder gibt ihm eine Mitschuld an der Zerstörung. Bis zuletzt steht sie ihm bei und versucht alles, um ihm zu helfen, den aussichtslosen Kampf doch noch zu gewinnen. Nur einmal kurz vor seinem Tod wirft sie ihm wütend vor, dass sie nie die wichtigste Rolle in seinem Leben gespielt habe:

> Ya le ha tocado a la Patria, a la Revolución, a Juárez, a don Santos, a la Constitución, y siempre, en primer lugar, no a tu honor, sino a tu orgullo estúpido. ¿Cuándo a mí?" (No me: 357)

Insgesamt hat Sofia aber keine Zweifel daran, dass sie an seine Seite gehört: „Él era su destino, lo supo desde que lo vio por la primera vez" (No me: 376). Auch wenn Sofia keinerlei Einfluss auf Cruz-Aedos politische Aktivitäten hat, wirkt er durch sie komplexer und weniger einseitig auf den Krieg fixiert.

Bei der Figur Sofias bleibt unklar, ob es sich um eine historische oder eine fiktive Person handelt. Es gibt diverse Ähnlichkeiten zur Erzählerin S.: Die Erzählerin gibt in keinem ihrer Briefe ihren kompletten Namen an, sodass auch sie Sofia heißen könnte. Beide Frauen ziehen zu Beginn der Handlung nach Guadalajara. S. muss dorthin um ihre Doktorarbeit zu schreiben, Sofia entscheidet sich nach dem Tod ihres ersten Mannes, ihr Heimatdorf zu verlassen. Sie lebte vor ihrem Umzug in Durango, wo auch S. entfernte Verwandte hat (s. No me: 378). Auch äußerlich ähneln sich beide Figuren: Sofias Stolz ist ihre „hermosa mata de pelo rojizo" (No me: 36), auch S. färbt ihre Haare rot (s. No me: 48). Bei beiden lässt sich zudem eine Neigung zu spirituellen Glaubensformen feststellen. Sofia besucht regelmäßig „la bruja en la sierra de la Campana" (No me: 19), sie glaubt nicht an Gott, sondern „en otras cosas: cuentos de aparecidos, las brujas de la sierras, el destino fijado en la baraja y, sobre todo, en los designios de la vieja madre Luna" (No me: 124). Auch für S. ist der Besuch bei einer Wahrsagerin ein einschneidendes Erlebnis (s. No me: 280). Auf ihrer Forschungsreise kommt S. in Sofias Dorf San Miguel Papasquiaro, wo sie auf ein Foto von Cruz-Aedo und Sofias stößt, auf dem Sofia S. zum Verwechseln ähnlich sieht (No me: 493). Nach diesem Erlebnis sieht S. wieder einen Sinn in ihrem Leben:

> Rescataré a Miguel de su muerte. Si no lo rescato no podré seguir en pie. Es mi único destino. Sólo así podré recuperar mi vida. La muerte de él tuvo un propósito... Pero yo sigo al lado de él, aquí, viva, y no dejaré que el olvido lo borre por completo. (No me: 495)

Der historische Roman der Binnenhandlung ist also S.s Versuch, die Geschichte Cruz-Aedos wieder ins Gedächtnis zu rufen. Er ist zeitlich im Anschluss an die aktuelle Ebene situiert und entsteht parallel oder nach S.s Doktorarbeit. Der Roman orientiert sich somit nicht nur an den historischen Fakten über Cruz-Aedo, sondern spiegelt vor allem einen Bezug zu S.s Leben wider, denn sie nutzt den Roman, um darin eigene Sehnsüchte und Ideen zu verarbeiten.

### 5.4.5 Eine Selbstprojektion in die Geschichte?

Die diversen Parallelen zwischen S. und der Sofia lassen vermuten, dass es sich bei Sofia um eine fiktionalisierte Version von S. handelt, durch die sich die Erzählerin selbst in die Geschichte projiziert. Dies würde dem von ihr vielfach geäußerten Wunsch entsprechen, zur Zeit Cruz-Aedos gelebt zu haben: „[Deseo] con todas mis fuerzas haber vivido hace siglo y medio, cuando era fácil para una mujer escoger o dejarse escoger el destino" (No me: 131). S. ist fest davon überzeugt, dass Frauen es damals leichter hatten:

> En el siglo XIX, las mujeres estaban desde luego menos solas. Tenían los libros, los bordados, las marchas en el piano y los grupos de apoyo que se reunían a tomar el té. La casa abierta una vez a la semana para lucir y lucirse, las festividades religiosas en las que de verdad podían creer. (No me: 261)

Angesichts ihrer eigenen Antriebslosigkeit romantisiert S. die Vergangenheit und wünscht sich, einem Mann mit großen Idealen wie Cruz-Aedo folgen zu können.

Die gesamte Gestaltung der Figur Sofias entspricht demnach S.s Wünschen. Wie in 5.4.4.2 herausgestellt wurde, folgt Sofia Cruz-Aedo ebenso bedingungs- wie kritiklos und findet in ihm die große Liebe. In Cruz-Aedos Beziehung zu Sofia kommt genau die Leidenschaft zum Ausdruck, die S. anfangs in seinen Gedichten so beeindruckt. Selbst Sofia bemerkt: „¡Cómo la enamoraba ese hombre con palabras!" (No me: 140).

In *No me alacanzará la vida* finden sich darüber hinaus noch viele weitere Parallelen. In der Handlung stechen viele parallele räumliche Bewegungen hervor. Als Cruz-Aedo beispielsweise ins Bordell geht (s. No me: 83), erzählt auch S. im nächsten Brief, dass sie in „el lado más oscuro de la Guadalajara de noche" ausgegangen sei, wo sich „los bordeles y las cantinas más divertidas" befinden, und zu später Stunde betrunken vor ihren Kollegen strippte (No me: 105). Später zieht es Cruz-Aedo in die Hauptstadt, um dort an der neuen Verfassung mitzuschreiben (s. No me: 242). Auch S. berichtet im darauffolgenden Brief, dass sie eine Reise nach Mexiko-Stadt unternommen habe (s. No me: 259). Sie folgt dem Itinerario Cruz-Aedos und denkt bei einem Ausflug mit Felipe nach Morelia nur daran, dass „Miguel había pasado por ahí, y que quizá podría seguir sus pasos." (No me: 325). Als Cruz-Aedo in Durango landet (s. No me: 355f), berichtet S. im nächsten Kapitel, dass sie dort gewesen sei (s. No me: 377f.).

Auch S.s und Cruz-Aedos Gedanken scheinen sich zu überkreuzen. S. wünscht sich permanent, vor 150 Jahren gelebt zu haben und steigert sich derart in diesen Traum hinein, dass ihr Cruz-Aedo vielfach als Geist begegnet. Anfangs spricht sie nur davon, „una presencia indefinida" zu spüren (No me. 129), dann hört sie nachts Stimmen und Schritte auf dem Balkon (s. No me: 130). In Durango begegnet ihr schließlich Cruz-Aedo als Geist:

> Mi fantasma sentó a fumar en la otra silla, aceptando un trago. Se rehusó a hablarme, a explicarme nada. No pude tocarlo. Coincidimos en el espacio, pero no el tiempo. (No me: 386)

Die Idee, mit jemandem verbunden zu sein, mit dem man den Raum, aber nicht die Zeit teilt, ist auch in Cruz-Aedos Gedanken permanent präsent. Er träumt immer wieder von einer rothaarigen Frau in der Zukunft (s. No me: 56, 472):

> Sé que viene de muy lejos, de otro tiempo. Sé que vive en una ciudad donde la luz de la luna se refleja en enormes edificios de cristal y acero; donde las calles son anchas, larguísimas, tan largas que llegan hasta el mar. (No me: 472)

Das Meer trennt sowohl Cruz-Aedo als auch S. von ihren Traumgestalten. Das Meer steht hier metaphorisch für die Zeit, die beide voneinander trennt und ist eines der Hauptmotive, die in *No me alcanzará la vida* rekurrent auftreten. S. wünscht sich wiederholt, dass Guadalajara Zugang zum Meer hätte (s. No me: 23, 26, 75, 106, 260). Dass dieses Meer rein metaphorisch gebraucht wird, wird dadurch deutlich, dass S. gar keine Lust hast, die Ferien zu nutzen um ans Meer zu fahren (s. No me: 127). Auch in Cruz-Aedos Träumen und Gedanken taucht das Meer immer wieder auf: „Entre ella y yo, está el mar" (No me: 67, außerdem: 172, 291, 337, 343, 458). Die Metapher vom Meer stammt aus einem Bild, das Cruz-Aedo in seinen Träumen sieht. Darauf sitzt jene rothaarige Frau vor einer Hütte am Meer (s No me: 56). Dieses Motiv ist ebenfalls in beiden Handlungssträngen zu finden, da S. sich auf der aktuellen Ebene eben dieses Bild kauft und eine besondere Beziehung zu ihm aufbaut (s. No me: 53): „Sentarme frente a ese cuadro me da una sensación de paz" (No me: 77). Die Frau, die Cruz-Aedo in seinem Traum sieht, besitzt große Ähnlichkeit mit Sofia. Auch wenn er sich bewusst ist, dass sie nicht die Frau aus seinem Traum ist (s. No me: 472), kommt es ihm oft so vor, als ob Sofia „no [pertenece] a este espacio y a este tiempo" (No me: 185).

In dem realistisch angelegten historischen Roman wirken die Parallelen zu den Tätigkeiten und Gedanken S.s konstruiert. Insbesondere bei den Gedanken steht außer Frage, dass es sich um historisch belegbare Fakten handeln könnte. Auch die historische Existenz Sofias bleibt zweifelhaft. S. sagt zwar eingangs, sie möchte verhindern, das Cruz-Aedo und seine Leistungen in Vergessenheit geraten, im Grunde gewinnt er aber nur für sie an Bedeutung, da sie etwas auf ihn projiziert, das sie in ihrem eigenen Leben vermisst. Dem entspricht auch folgendes Zitat über Cruz-Aedo von S.:

> Tal vez quieras saber con mayor precisión por qué es importante para mí. No lo sé. Y sin embargo me obsesiona saber por qué actuó de la manera en que lo hizo. [...] Quisiera tener la pasión que él tuvo. Además, me siento cerca de ese hombre, aunque más de siglo y medio que está muerto. (No me: 260)

S. interessiert demnach weniger, was er geleistet hat, als vielmehr die Leidenschaft, mit der er seine Ziele verfolgt hat. Auch ihre Interpretation der Figur Cruz-Aedos ist von ihrem Empfinden und ihrer Lebenswelt geprägt und somit ein höchst subjektives, von der Gegenwart bestimmtes Produkt.

### 5.4.6 Metafiktive Elemente: Reflexion über die Geschichte

Selbstreferentielle Überlegungen über die Geschichte finden sich sowohl auf der historischen als auch auf der aktuellen Ebene des Romans wieder. Der Roman über den ‚vergessenen Helden' Cruz-Aedo wird durch die doppeldeutige Frage ‚Wer schreibt Geschichte?', die sich wie ein roter Faden durch das Werk zieht, auf eine allgemeinere Ebene gehoben.

Gerade Cruz-Aedo besitzt ein ausgeprägtes Geschichtsbewusstsein und überlegt permanent, ob sich die Menschen in Zukunft noch an ihn erinnern werden. Daher fragt er einen Freund: „¿Te has preguntado cómo sera esto dentro de un siglo o dos? La gente se podría interesar en nosotros" (No me: 81). Auch die Rolle der Frau in der Zukunft liegt ihm sehr an Herzen: „¿[Cómo] serán las mujeres en el futuro? [...]¿Podrán salir solas? ¿Vivir solas?" (No me: 92). Er ist davon überzeugt, in „un momento clave de la historia" zu leben (No me: 244), in dem er und seine Anhänger die Chance haben, die Zukunft zu verändern (s. No me: 267). Ähnlich wie der Einbalsamierer Ara in *Santa Evita*, der mit Evitas Körper vor allem sich selbst ein Denkmal setzen möchte, handelt auch Cruz-Aedo dabei nicht aus Nächstenliebe, sondern um sich selbst in die Geschichte einzuschreiben. Er hat keinen Zweifel daran, dass seine Taten in Zukunft wertgeschätzt werden: „Serán nuestros amigos los que en el futuro sepan de nuestro sacrificio" (No me: 339). Ironischerweise wird gerade Cruz-Aedo durch seinen frühen Tod von der offiziellen Geschichtsschreibung vergessen. Selbst die Bedeutung der *Reforma* gerät weitestgehend in Vergessenheit, sodass deren Helden häufig nur noch durch Straßennamen präsent sind:

> ‚Tienen nombre de calle', me dijo el otro día Felipe, y sí, de no ser por las calles donde nos movemos, el último soplo de vida se hubiera esfumado de esos seres que no merecieron la atención de la Historia-con-mayúsculas. (No me: 108)

Auch in *No me alcanzará la vida* wird durch diese metafiktionalen Gedanken deutlich, dass die Geschichtsschreibung nicht nach objektiven Kriterien verfährt, sondern lediglich der Sieger gedenkt, wodurch historische Figuren wie Cruz-Aedo, die ihr Leben für die *Reforma* gelassen haben, auf der Strecke bleiben.

Daneben wird auch in *No me alcanzará la vida* offengelegt, dass es sich bei jeder Rekonstruktion eines historischen Ereignisses nur um ein Konstrukt handeln kann, dem ein Selektions- und Interpretationsprozess vorausgeht. Dieser wird, wie in 5.4.1 und 5.4.2 untersucht wurde, in den Briefen von S. dargestellt. Auf den Entstehungsprozess der historischen Ebene selbst geht S. zwar auf der aktuellen Ebene nicht ein, deutlich wird aber, warum sie auf die Idee gekommen ist, Cruz-Aedos Geschichte in einem Roman zu verarbeiten. S. fühlt sich als „sus pulmones y su boca" (No me: 495), denn sie ist sich bewusst, dass eine historische Person nur dann nicht in Vergessenheit gerät, wenn jemand ihre Geschichte aufschreibt und für die Nachwelt erhält. Dadurch, dass S. sich dazu berufen fühlt, „[de rescatar] a Miguel de su muerte" (No me: 495) und Cruz-Aedos Leben nicht etwa distanziert-neutral untersucht, sondern auf ihre Forschungsergebnisse sehr emotional reagiert, wird deutlich, dass es sich auch bei ihrem Roman nur um die Darstellung ihrer persönlichen Interpretation der Rolle Cruz-Aedos handeln kann. Unterstrichen wird dieser Konstruktcharakter durch die vielen Parallelen zum Leben S.s, die in 5.4.5 ausführlich beleuchtet wurden. Somit ergibt sich als Quintessenz, dass derjenige über den Verlauf der Geschichte entscheidet, der sie auf Basis der historischen Fakten konstruiert und interpretiert – was sogar der betrunkenen S. während einer Fahrt durch das nächtliche Guadalajara bewusst wird:

> Yo iba gritándoles a mis compañeros de viaje que cada piedra era mía, cada centímetro de la catedral y cada año de sus torres reconstruidas; que me sé todas las historias de todos los personajes; que me pertenecen todos sus fantasmas. (No me: 106)

## 5.5 Ergebnis

Die Analyse von *No me alcanzará la vida* macht deutlich, dass der Wahrheitsgehalt der historischen Ebene durch die aktuelle Forschungsebene in Frage gestellt wird. Auch wenn es sich bei der gemeinsamen Erzählerfigur um eine Historikerin handelt, die eigentlich damit vertraut sein müsste, ein historisches Ereignis mit der nötigen Distanz zu untersuchen, wird auf der aktuellen Ebene deutlich, dass sie alles andere als eine vertrauenswürdige Erzählerin ist. Sie romantisiert sowohl die Epoche als auch die historische Figur, die sie untersucht, und konstruiert dadurch nicht nur eine subjektivierte, von der Gegenwart aus interpretierte Version der historischen Ereignisse, sondern treibt es quasi auf die Spitze, indem sie mit Sofia ihr eigenes *Alter Ego* in die Geschichte projiziert. Da sie aber als Historikerin in Archiven forscht und damit ein quasi exklusives Wissen über Cruz-Aedo besitzt, ist es nicht möglich, diese subjektiven Einflüsse auf der historischen Ebene durch andere Quellen zu relativieren. Am Ende der durch Quellen pseudo-authentisierten Rekonstruktion des Lebens Cruz-Aedos auf der historischen Ebene bleibt somit vor allem ein Gefühl der Unsicherheit. Durch die sich häufenden Überschneidungen zwischen historischer und aktueller

Ebene (Leben von S. und Sofia, gedankliche und räumliche Parallelen) wird die historische Ebene aber eindeutig als ein Konstrukt der Historikerin S. entlarvt. Auch hier spiegelt sich somit die Erkenntnis der Postmoderne wider, dass Geschichte sich nicht ‚von selbst schreibt', sondern in erster Linie das Produkt eines Autors ist, der seine eigene Version eines historischen Ereignisses schreibt, die sich somit auch nicht von fiktiven Geschichten unterscheidet.

## 6  Fazit

In der Analyse von *Santa Evita* und *No me alcanzará la vida* wird deutlich, dass es zwischen beiden Erzählerfiguren diverse Parallelen gibt. Sowohl Martínez in *Santa Evita* als auch die Historikerin S. in *No me alcanzará la vida* bemühen sich, den Eindruck eines vertrauenswürdigen und gründlichen Wissenschaftlers zu erwecken. Dieser Versuch scheitert in beiden Fällen, da auf der aktuellen Ebene beider Romane deutlich wird, dass die Erzählerfiguren eine enge und emotionale Beziehung zu der zu untersuchenden historischen Person aufbauen und darüber hinaus offenbaren, dass sie sich zum Entstehungszeitpunkt ihrer historischen Romane in einem psychisch äußerst labilen Zustand befinden. Dies hat Auswirkungen auf die Gestaltung und Interpretation der historischen Ebene: Martínez und S. bringen eigene Wünsche und Erfahrungen mit in die von ihnen rekonstruierte Geschichte ein. Diese subjektiven Einflüsse lassen sich in *Santa Evita* und *No me alcanzará la vida* durch die aktuelle Forschungsebene nachweisen, sind im Grunde aber in jeder Rekonstruktion eines historischen Ereignisses immanent.

Beide Erzählerfiguren scheitern zudem, da es ihnen trotz aller Bemühungen nicht gelingt, das Leben Evitas bzw. Cruz-Aedos objektiv und wahrheitsgetreu zu rekonstruieren: Martínez kann nicht zur wahren Geschichte Evitas vordringen und verliert zwischen vielen subjektiven Stimmen selbst die Orientierung. Auch S.s romantisierte Darstellung Cruz-Aedos steht im Widerspruch zu den historischen Fakten über sein Leben. Beide historische Figuren sind Beispiele dafür, dass die Rekonstruktion eines historischen Ereignisses immer vielfältig von subjektiven Einflüssen geprägt ist. Da die Korrektheit der in der historischen Ebene rekonstruierten Epoche schon im Roman selbst wieder in Frage gestellt wird, leisten Romane wie *Santa Evita* oder *No me alcanzará la vida* weder einen Beitrag zur offiziellen Geschichtsschreibung, noch unterstützen sie nationale/ kulturelle Identitätskonstruktionen.

Auch wenn somit in beiden Romanen höchst subjektive Versionen einer historischen Person rekonstruiert werden, wird durch die detaillierte Darstellung der wissenschaftlichen Arbeitsweise eine größtmögliche Objektivität vorgaukelt. Dadurch entsteht ein Spiel mit dem Leser, der den Wahrheitsgehalt des Romans nicht einschätzen kann und in einem Gefühl der Unsicherheit verbleibt. Auch dies entspricht der Intention der Neuen Historischen Romane, denn

> die Gestaltung der Vermittlerfigur als unzuverlässiger Wissenschaftler dient letztlich der Aktivierung des Lesers [...] Der Vermittler eignet sich daher nicht länger als Orientierungspunkt, sondern wird selbst Teil der erzählten Welt, deren Struktur der Leser selbsttätig kombinierend erschließen muß. (Stang 1992: 276)

*Santa Evita* und *No me alcanzará la vida* lassen sich als eine Anregung an den Leser interpretieren, sich ein eigenes Urteil zu bilden – denn dafür ist es nötig, sich der Subjektivität jeder Rekonstruktion eines historischen wie aktuellen Ereignisses bewusst zu sein.

# 7   Bibliographie

1. Primärliteratur:

Martínez, Tomás Eloy (2007): *Santa Evita*, Buenos Aires: Punto de lectura.

Palacio, Celia del (2008): *No me alcanzará la vida*, Mexiko: SUMA.

2. Sekundärliteratur:

Aínsa, Fernando (1991): „La reescritura de la historia en la nueva narrativa latinoamericana", in: *Cuadernos americanos*, 4, S. 13-49.

Aínsa, Fernando (2003): *Reescribir el pasado. Historia y ficción en América Latina*, Mérida: CELARG Centro de Estudios Latinoamericanos „Rómulo Gallegos".

Ara, Pedro (1996): *Eva Perón. La verdadera historia contada por el médico que preservó su cuerpo*. 2. Buenos Aires: Sudamericana.

Aust, Hugo (1994): *Der historische Roman*, Stuttgart: Metzler.

Colomina, Lola (2003): „La problematización de la representabilidad histórica a través de la metaficción historiográfica en *La novela de Perón*", in: Pérez, Genaro/ Pérez Janet (Hrsg): *Monographic Review, 19: The ‚nueva novela histórica' in Hispanic Literature* Monographic Review, S. 251-264.

Corral Peña, Elizabeth (1997): *Noticias del Imperio y los nuevos caminos de la novela histórica*, Xalapa: Universidad Veracruzana.

Elmore, Peter (1997): *La fábrica de la memoria*, Lima: Fondo de Cultura Económica.

Fajardo Valenzuela, Diógenes (1997): „Procesos de (des)mitificación en ‚La novela de Perón' y ‚Santa Evita' de Tomás Eloy Martínez", in: *Literatura : teoría, historia, crítica*, 1, S. 116-137.

Fludernik, Monika (2008): *Erzähltheorie: eine Einführung*. Darmstadt : Wissenschaftliche Buchgesellschaft.

Genette, Gérard (2010): *Die Erzählung*, München: Fink.

Grinberg Pla, Valeria (2001): „La novela histórica de finales el siglo XX y las nuevas corrientes historiográficas", in: *Istmo. Revista virtual de estudios literarios y culturales centroamericanos*, 2. Link: http://istmo.denison.edu/n02/articulos/novhis.html (zuletzt abgerufen am 10.06.2013).

Grützmacher, Lukasz (2006): „Las trampas del concepto ‚la nueva novela histórica' y de la retórica de la historia postoficial", in: *Acta Poética*, 27,1, S. 141-167.

Hutcheon, Linda (1988): *A poetics of Postmodernism. History, Theory, Fiction*, New York: Routledge.

Kolmar, Lother/ Rob-Santer, Carmen (2005): *Geschichte schreiben. Von der Seminar- zur Doktorarbeit*, Stuttgart: UTB.

Lukács, Georg: *Der historische Roman*. Berlin: Aufbau 1955.

Martínez García, Patricia (2002): „Algunos aspectos de la voz narrativa en la ficción contemporánea: el narrador y el principio de incertidumbre", in: *Thélème. Revista Complutense de Estudios Franceses*, 17, S. 197-220.
Link: http://revistas.ucm.es/fll/11399368/articulos/THEL0202110197A.PDF (zuletzt abgerufen am 10.06.2013).

Martinez, Matias; Scheffel, Michael (2005): *Einführung in die Erzähltheorie*, München: Beck.

Mayer, Ruth (2008): „Postmoderne/Postmodernismus", in: Nünning, Ansgar (Hrsg.): *Metzler Lexikon Literatur- und Kulturtheorie. Ansätze - Personen - Grundbegriffe. 4., aktualisierte und erw. Aufl.* Stuttgart: Metzler, S. 589-590.

Menton, Seymour (1993): *La nueva novela histórica de la América Latina*. Mexico: Fondo de Cultura Económica.

Neyret, Juan Pablo (2002): „Novela significa licencia para mentir. Entrevista con Tomás Eloy Martínez". Link: http://www.ucm.es/info/especulo/numero22/t_eloy.html (zuletzt abgerufen am 10.06.2013).

Nünning, Angsar (1995): *Von historischer Fiktion zu historiographischer Metafiktion*, Trier: WVT.

Nünning, Ansgar (2008): „Historiographische Metafiktion", in: Nünning, Ansgar (Hrsg.): *Metzler Lexikon Literatur- und Kulturtheorie. Ansätze - Personen - Grundbegriffe. 4., aktualisierte und erw. Aufl.* Stuttgart: Metzler, S. 289-290.

Palacio, Celia del (2006): „Sociabilidad y cultura en Guadalajara a mediados del siglo XIX", in: Cantos Casenave, Marieta (Hrsg.): *Redes y espacios de opinión pública de la ilustración al romanticísmo. Cádiz, América y Europa ante la Modernidad*, Cádiz:Universidad de Cádiz.

Palapa Quijas, Fabiola (2008): „Rescatan en novela a los héroes anónimos de las leyes de Reforma", in: *La Jornada*, 03.06.2008. Link: http://www.jornada.unam.mx/2008/06/03/index.php?section=cultura&article=a07n1cul (zuletzt abgerufen am 10.06.2013).

Paulinelli, María (1997): „Tomás Eloy Martínez y la Novela de la Historia", in: *Tramas para leer la literatura argentina*, 2,6, S. 67-70.

Pérez, Genaro/ Pérez Janet (2003): „Editor's introduction: The ‚nueva novela histórica' in Hispanic Literature", in: Pérez, Genaro/ Pérez Janet (Hrsg): *Monographic Review, 19: The ‚nueva novela histórica' in Hispanic Literature* Monographic Review, S. 9-28.

Perkowska-Álvarez, Magdalena (2008): *Historias híbridas. La nueva novela histórica latinoamericana (1985-2000) ante las teorías posmodernas de la historia*. Frankfurt am Main/ Madrid; Iberoamericana/Vervuert (Colección Nexos y diferencias, 19).

Perkowska-Álvarez, Magdalena (2004): „Constelación Mariposa: textos, nombres e imágenes en *Santa Evita* de Tomás Eloy Martínez", in: Rodríguez-Carranza. Luz/ Nagle, Marilene (Hrsg.): *Reescrituras*. Amsterdam/New York: Rodopi, S. 71-84.

Roffé, Reina (2003): „Entrevista con Tomás Eloy Martínez" in: *Cuadernos hispanoamericanos*, 633, S. 101-106.

Salomón Meraz, Liliana: „Miguel de Cruz Aedo", http://celiadelpalacio.blogspot.com/2008/08/miguel-cruz-aedo.html (zuletzt abgerufen am 10.06.2013).

Schlickers, Sabine (2005): „Autorreflexión erótico-estética sobre un cadáver: *Santa Evita* (1995) de Tomás Eloy Martínez", in: *Revista de Crítica Literaria Latinoamericana*, 61, S. 111-131.

Spiller, Roland (1993): *Zwischen Utopie und Aporie. Die erzählerische Ermittlung der Identität in argentinischen Romanen der Gegenwart ; Juan Martini, Thomás Eloy Martínez, Ricardo Piglia, Abel Posse und Rodolfo Rabanal*, Frankfurt am Main: Vervuert. (= Iberoamericana 3).

Stang, Harald (1992): *Einleitung - Fußnote - Kommentar. Fingierte Formen wissenschaftlicher Darstellung als Gestaltungselemente moderner Erzählkunst*. Bielefeld: Aisthesis-Verlag.

Stenzel, Hartmut; Floeck, Wilfried; Fritz, Herbert (2005): *Einführung in die spanische Literaturwissenschaft*, 2., aktualisierte und erw. Aufl., Stuttgart: Metzler.

Strosetzki, Christoph (2003): *Einführung in die spanische und lateinamerikanische Literaturwissenschaft*. Berlin: Schmidt (= Grundlagen der Romanistik, 22).

Viu Bottini, Antonia (2007): *Imaginar el pasado, decir el presente*, Santiago de Chile: RIL Editores.

3. Informationen über die Autoren:

Tómas Eloy Martínez: http://www.suhrkamp.de/autoren/tomas_eloy_martinez_3120.html (zuletzt abgerufen am 10.06.2013).

Celia del Palacio: http://www.celiadelpalacio.info/p/literatura.html (zuletzt abgerufen am 10.06.2013).

# 8 Anhang

Liste der in *Santa Evita* explizit genannten Quellen

| Literatur | Seite |
|---|---|
| Borges, Jorge Luis(1969): „El simulacro", in: Ders.: *El hacedor*, Buenos Aires: Emecé. | 240 |
| Borges, Jorge Luis (1951): *La muerte y la brújula*, Buenos Aires: Emecé. | 67,181, 214 |
| Cortázar, Julio (1951): „Casa tomada", in: Ders.: *Bestiario*, Buenos Aires: Sudamericana. | 19 |
| Cortázar, Julio (1986): *El Examen*, Buenos Aires: Sudamericana. | 238 |
| Perlongher, Nestór (1980): „El cadaver de la nación", in: Ders.: *Austria-Hungría*. Buenos Aires: Tierra Baldia. | 196 |
| Perlongher, Nestór (1997): „Evita vive (En cada hotel organizado)", in: Ders.: *Prosa Plebeya*, Buenos Aires: Colihue. | 242 |
| Silvina Ocampo (Gedicht über Evita, erschienen in der Zeitschrift *Sur*, kein weiteren Angaben genannt). | 87 |
| Walsh, Rodolfo (1965): „Esa mujer" ,in: Ders.: *Los Oficios Terrestres*, Buenos Aires: Jorge Alvarez. | 67,71 |
| **Geschichtsbücher/ Sachbücher** | |
| Peicovich, Esteban (1975): *El último Perón*.2 | 51 |
| Luna, Felix (1984): *Perón y su tiempo, I. La Argentina era una fiesta*, Buenos Aires: Sudamericana. | 51 |
| Pavón Pereyra, Enrique (1974): *Perón, el hombre del destino*, Buens Aires: Abril. | 172 |
| Comisión Nacional de Investigaciones (1958): *El libro negro de la segunda tiranía*, Buenos Aires. | 239 |
| Onetti, Juan Carlos (1993): *Ella*. | 240 |
| Vacca Roberto/ Borroni, Otelo (1970): *La vida de Eva Perón*, Buenos Aires: Galerna. | 296 |
| Tomás Eloy Martínez (1985): *La Novela de Perón*, Buenos Aires: Legasa Literaria. | 472, 496 |
| Martínez Estrada, Ezequiel (1956): *¿Qué es esto? Catilinarios*, Buenos Aires: Lautaro. | 222, 239 |
| **Werke von Protagonisten** | |
| Perón, Eva (1994): *Mi mensaje*, Buenos Aires: Futuro. | 151 |
| Brief der Hermosa Evelina | 79 |
| Perón, Eva (2004): *La razón de mi vida*, Buenos Aires: Buro Edito. | 76, 224 |
| Ara, Pedro (1974): *El caso Eva Perón: apuntes para la historia*, Madrid: CVS. | 32, 189 |
| **Quellen von Zeitzeugen** | |
| Die Notizhefte des Coronels | 144 |
| Interview mit Evitas Frisör Julio Alcaraz | 101 |
| Gespräch mit der Witwe des Coronels | 67 |
| Briefwechsel zw. Evita und Perón | 53 |

| | |
|---|---|
| Notizen des Einbalsamierers Ara | 31 |
| Aras Tagebuch | 201 |
| Notizen eines Spions des Coronels | 443 |
| Aussage von Margot über den Tod ihrer Schwester Elena | 317 |
| **Film und Fernsehen** | |
| Copi: *Eva Perón* (Drama) | 240 |
| Filme mit Evita: *La carga de los valientes* und *La cabalgata del circo* | 98 |
| Bilder des Noticiero über Evitas Besuch beim Papst | 263 |
| Muscial *Evita* | 247 |
| **Zeitungsausschnitte** | |
| Ausschnitt *Clarín* 22.08.51 über Leute, die nach Buenos Aires strömen um Evita zu sehen | 110 |
| Artikel des Coronels in *El trabajo* | 91 |
| Zeitungsausschnitte aus *La democracia* und *Mundo peronista* über die Geschichte der Pilgerreise Raimundo Masas | 88 |
| Zeitungsausschnitte von Raimundo Masa über große Leistungen, die für Evita vollbracht wurden | 89 |
| Bericht über La Hermosa Evelina in *La Razón* | 81 |